AF465575

RAPPORT

SUR

L'ENSEIGNEMENT DE L'ODONTOLOGIE

EN ANGLETERRE

ADRESSÉ A M. LE MINISTRE DE L'INSTRUCTION PUBLIQUE

PAR

LE Dr V. GALIPPE

CHEF DE LABORATOIRE A LA FACULTÉ DE MÉDECINE
PHARMACIEN DE 1re CLASSE
EX-INTERNE DES HÔPITAUX, ANCIEN CHEF DU LABORATOIRE DES HAUTES ÉTUDES
A L'ÉCOLE SUPÉRIEURE DE PHARMACIE
MEMBRE DE LA SOCIÉTÉ DE BIOLOGIE, LAURÉAT DE LA FACULTÉ,
DE L'ACADÉMIE DE MÉDECINE ET DE L'INSTITUT

PARIS
G. MASSON, ÉDITEUR
LIBRAIRE DE L'ACADÉMIE DE MÉDECINE
120, Boulevard Saint-Germain, en face de l'École de Médecine

M DCCC LXXXII

RAPPORT

SUR

L'ENSEIGNEMENT DE L'ODONTOLOGIE

EN ANGLETERRE

CORBEIL. — TYP. ET STÉR. CRÉTÉ.

RAPPORT

SUR

L'ENSEIGNEMENT DE L'ODONTOLOGIE

EN ANGLETERRE

ADRESSÉ A M. LE MINISTRE DE L'INSTRUCTION PUBLIQUE

PAR

LE Dr V. GALIPPE

CHEF DE LABORATOIRE A LA FACULTÉ DE MÉDECINE
PHARMACIEN DE 1re CLASSE
EX-INTERNE DES HÔPITAUX, ANCIEN CHEF DU LABORATOIRE DES HAUTES ÉTUDES
A L'ÉCOLE SUPÉRIEURE DE PHARMACIE
MEMBRE DE LA SOCIÉTÉ DE BIOLOGIE, LAURÉAT DE LA FACULTÉ,
DE L'ACADÉMIE DE MÉDECINE ET DE L'INSTITUT

PARIS
G. MASSON, ÉDITEUR
LIBRAIRE DE L'ACADÉMIE DE MÉDECINE
120, Boulevard Saint-Germain, en face de l'École de Médecine

M DCCC LXXXII

RAPPORT

SUR

L'ENSEIGNEMENT DE L'ODONTOLOGIE

EN ANGLETERRE

Monsieur le Ministre,

Vous avez bien voulu m'honorer d'une mission scientifique en Angleterre dans le but d'étudier l'enseignement de l'odontologie dans ce pays. J'ai pensé que pour me faire une idée précise des institutions sur lesquelles devait porter mon examen, il était nécessaire de connaître avant tout l'ensemble des règlements régissant l'exercice de cette branche des sciences médicales. Ces règlements sont de date récente, 1878. Ils ont été inspirés par des abus nombreux qu'avait engendrés la liberté de l'exercice de l'art dentaire, ainsi que par la promiscuité blessante dans laquelle vivaient des hommes fort instruits, d'une honorabilité parfaite et d'autres, manquant à la fois de l'une ou de l'autre de ces qualités, souvent même des deux, au grand détriment de la santé et de la morale publiques.

Ces abus ont dû être bien criants pour que dans un pays où les citoyens sont si jaloux de leur liberté, ils aient consenti à la restreindre dans une certaine mesure.

Cette réforme pour laquelle, les dentistes anglais qui

occupent encore aujourd'hui le premier rang dans leur corporation, avaient longtemps combattu, avait été préparée par le *Medical act* du 2 août 1858.

Avant cette époque l'exercice de la médecine et de la chirurgie était libres en Angleterre, en ce sens que si certaines Universités délivraient des diplômes, l'État ne conférait aucun privilège aux possesseurs de ces diplômes et que les citoyens avaient le droit de recourir tout aussi bien à un praticien libre qu'à un médecin ou à un chirurgien pourvus d'un diplôme d'une Université ou d'un diplôme délivré par un Collège enseignant. Il résultait de cet état de choses, une confusion très préjudiciable aux malades. Aussi, sans supprimer complètement la liberté de l'exercice de la médecine, le *medical act* a-t-il eu surtout pour but « de permettre à toute personne ayant besoin de secours médicaux, de distinguer parmi les praticiens ceux qui pouvaient justement porter ce titre. »

Par le *Medical Act* a été institué un *Medical Register*, dressé par un conseil spécial, ayant le pouvoir d'inscrire les médecins possédant le diplôme d'une Corporation ou d'une Université reconnues par l'État, ou de procéder à la radiation de ceux qui, soit dans leur vie privée, soit dans l'exercice de leur profession, se seraient rendus coupables d'un fait contraire à l'honneur.

Les médecins et les chirurgiens qui figurent sur le *Medical Register*, bien que n'ayant point dans l'acception étroite du mot un diplôme officiel, n'en sont pas moins les seuls reconnus par l'État et protégés par lui, ce qui, en tenant compte des profondes différences existant dans les mœurs et dans la législation de la France et de l'Angleterre, revient absolument au même et constitue pour les médecins et les chirurgiens figurant sur le *Medical Register* une situation presque identique à celle occupée dans notre organisation sociale par les possesseurs d'un diplôme conférant le droit d'exercer la médecine.

Quant aux praticiens non inscrits, ils peuvent exercer la médecine, mais ils encourent de graves responsabilités. Ils sont recherchés et punis par les tribunaux, chaque fois que par leur abstention ou leur intervention ils ont provoqué un accident. De plus ils ne sont point admis à poursuivre devant les tribunaux le payement de leurs honoraires.

Ces principales dispositions du *Medical Act* vont se retrouver dans le *Dentist's Act*. Aussi jugeons-nous superflu d'y insister davantage.

La lecture du *Dentist's Act* donnera la notion exacte de la situation du dentiste en Angleterre, au point de vue légal.

Dentist's Act 1878, *Chapitre* 33. — *Acte pour l'amélioration de la jurisprudence concernant l'exercice de l'art dentaire* (22 *juillet* 1878).

Considérant l'utilité de prendre des mesures de prévoyance pour l'enregistrement des certificats délivrés aux personnes spécialement autorisées à exercer comme dentistes dans le Royaume-Uni, et comme la loi concernant les personnes exerçant comme dentistes doit être améliorée,

En conséquence il a été arrêté par sa Très Excellente Majesté d'accord avec la Chambre des lords et la Chambre des communes.

1. Cet acte dans toutes les circonstances doit être cité comme un acte concernant les dentistes (Dentist's Act). Intitulation abrégée

2. Par conseil général (*Général Council*) on désigne dans cet Act le conseil général de l'instruction et de l'inscription médicale du Royaume-Uni établi par l'Act médical de 1858 ; conseil adjoint (*Branch Council*) veut dire une succursale de ce conseil établi par le même acte. « Archiviste général » (*General registrar*) désigne la personne établie comme tenant les régistres auprès du conseil général. Archiviste local (*Local registrar*) Interprétation.

désigne la personne employée comme tenant les registres auprès du conseil local, d'après l'Act médical de 1858. Possession Britannique (*British possession*) veut dire toute partie du territoire de la souveraineté de Sa Majesté, non compris le Royaume-Uni.

On doit entendre par autorités médicales (*Medical Authorities*) les corps et les universités qui choisissent les membres du conseil général.

Sanction pénale des personnes non enregistrées usant du titre de dentiste, etc. etc.

Enregistrement. — 3. *A partir et après le premier jour du mois d'août* 1879 *nul ne peut s'attribuer le nom ou le titre de dentiste* (*seul ou associé avec un autre ou avec d'autres qualificatifs*), *ou de praticien dentiste*, ou un nom, titre, ou une description significative se trouvant mentionnés dans le présent Act, ou se dire spécialement autorisé à exercer l'art dentaire, à moins qu'il ne soit enregistré conformément au présent Act.

Toute personne n'étant pas enregistrée conformément au présent Act après le premier jour du mois d'août 1879, qui prendra ou se servira d'un nom, titre ou qualité quelconque mentionnés dans le présent Act, sera coupable et punie d'une amende ne dépassant pas 20 livres sterling.

Il est bien entendu que ceci ne s'applique pas aux médecins praticiens légalement diplômés.

4. Considérant la violation de la loi par une personne non enregistrée conformément à cet Act, qui portera on se servira d'un nom, titre ou qualité quelconque ci-dessus mentionnés, les mesures de précaution suivantes doivent être exécutées.

Mesures de précaution à prendre contre la violation de la loi par des personnes non enregistrées prenant le nom, etc. Comme délit commis en s'appropriant un titre qui ne leur appartient pas.

1° Ne sera pas considéré comme coupable de la violation de la loi prescrite par cet Act.

a. Lorsque la personne peut démontrer la non-résidence ordinaire dans le Royaume-Uni et la possession d'un certificat lui donnant droit d'exercer l'art ou la chirurgie dentaire dans les possessions Britanniques ou dans un pays étranger, et qu'elle ne s'est pas donnée comme inscrite sur le registre désigné dans cet Act.

b. Lorsque la personne démontre qu'elle a été enregistrée et par conséquent continue de porter son titre, mais que son nom a été rayé du registre pour avoir cessé d'exercer.

2° Une poursuite pour un délit de violation de la loi doit être instituée seulement après ce qui suit :

Si une personne prend ou fait usage d'un brevet de capacité ou d'un certificat en rapport avec l'art ou la chirurgie dentaire qui ne lui appartient pas, elle sera poursuivie et condamnée à une amende de 20 livres sterling, comme il a été mentionné ci-dessus.

La poursuite de ce délit ne peut être instituée par une personne privée sans autorisation du conseil général, de sa succursale, ou d'une autorité médicale.

Privilège des personnes enregistrées.

5. La personne enregistrée dans cet Act aura le droit d'exercer l'art et la chirurgie dentaires sur tout le territoire soumis à la domination de Sa Majesté et après le premier jour du mois d'août 1879. *Une personne non enregistrée ne peut exiger devant aucun tribunal le paiement des honoraires demandés pour les soins d'une opération dentaire, excepté un médecin diplômé.*

Qualification nécessaire pour l'enregistrement.

6. Toute personne qui

a. Possède une licence en art ou en chirurgie dentaire délivrée par une autorité médicale.

b. Ou, comme il a été dit plus haut, une personne possédant un diplôme de dentiste étranger ou colonial ou :

c. Qui à l'application de cet Act se sera occupée sérieusement et de bonne foi (*bona fide*) de l'exercice de l'art ou de la chirurgie dentaire, soit séparément ou accompagnée de l'exercice de la médecine, chirurgie ou pharmacie, *aura le droit d'être enregistrée conformément à cet Act.*

Enregistrement dans le registre des dentistes 5 et 6, W 4, C 62.

7. Une personne autorisée à être enregistrée conformément à cet Act doit produire ou envoyer à l'archiviste général sa licence ou autres documents démontrant sa capacité, son nom, son adresse et autres détails jugés nécessaires pour l'enregistrement, elle est portée sur le registre des dentistes.

Ne doit être enregistrée conformément à cet Act toute personne qui, à l'application de celui-ci, exerce l'art dentaire, sans avoir produit ou envoyé à l'archiviste avant le premier jour du mois d'août 1879 les informations nécessaires, son nom, adresse et une déclaration signée par lui dont le modèle se trouve à la fin de cet Act.

Une personne résidant dans le Royaume-Uni ne sera pas privée du droit d'être enregistrée par la raison qu'elle n'est pas un sujet britannique; et un sujet britannique ne sera pas privé du droit d'être enregistré conformément à cet Act, parce qu'il ne réside pas dans le Royaume-Uni, ou qu'il exerce au delà de ses limites.

Enregistrement des dentistes coloniaux possédant des certificats reconnus.

8. Une personne ne résidant pas dans le Royaume-Uni, mais qui exerce depuis dix ans ailleurs, ou une personne qui a exercé

pendant dix ans dans le Royaume-Uni, au moment de l'application de cet Act, qui montre un diplôme du Royaume-Uni ou d'un autre pays, reconnu (comme il a été mentionné) dans une possession britannique et qui est munie d'un certificat de bonne conduite peut, après avoir couvert les frais d'enregistrement et sans passer d'examen dans le Royaume-Uni, être enregistrée comme dentiste colonial dans le registre des dentistes.

Enregistrement des dentistes étrangers munis des certificats reconnus.

9. Une personne n'étant pas sujet britannique, mais ayant exercé plus de dix années au dehors ou dans le Royaume-Uni au moment de l'application de cet Act, étant en possession d'un certificat (défini plus bas) reconnu dans un pays étranger et qui étant d'une conduite irréprochable continue soit d'avoir ce certificat, ou n'en a pas été privée pour aucune cause lui retirant le droit d'être enregistrée conformément à cet Act, a le droit d'être enregistrée comme dentiste étranger sur le registre des dentistes du Royaume-Uni.

Certificats des dentistes coloniaux et étrangers reconnus.

10. Les certificats britanniques et étrangers reconnus pour l'enregistrement sont les suivants : le diplôme, qualité de membre, grade, autorisation, attestation, certificat ou autres documents démontrant suffisamment au Conseil général la capacité du possesseur et le talent efficace dans l'art ou la chirurgie dentaire.

A la demande de la personne n'ayant pu obtenir d'être enregistrée comme dentiste colonial ou étranger, l'archiviste général doit remettre par écrit à l'intéressé les causes du refus, et si ce refus est motivé par la présentation d'un certificat non mentionné ci-dessus, la personne peut faire appel au conseil privé, qui, après avoir écouté le Conseil général, peut renvoyer la demande ou ordonner au Conseil général de reconnaître ce certificat.

Un tel ordre doit être strictement exécuté.

11. 1° Le registre doit être tenu par l'archiviste général, porter le titre de registre des dentistes et contenir :

Forme et contenu du registre des dentistes et mesures de précaution le concernant.

a. Une liste alphabétique de tous les dentistes du Royaume-Uni, c'est-à-dire de toutes les personnes enregistrées comme ayant exercé avant l'application de cet Act l'art ou la chirurgie dentaire, de toutes les personnes qui ont l'autorisation d'exercer l'art et la chirurgie dentaires délivrée par une autorité médicale du Royaume-Uni.

b. Une liste alphabétique spéciale de tous les dentistes coloniaux, autorisés d'exercer en vertu de cet Act.

c. Une liste alphabétique spéciale de tous les dentistes étrangers autorisés d'exercer en vertu de cet Act.

2° Le registre des dentistes doit contenir lesdites listes, renfermant par ordre alphabétique les noms, prénoms et adresses des personnes enregistrées, la date de la remise du certificat en vertu duquel elles ont été enregistrées; l'exposé de la mesure de prévoyance doit contenir des détails et être capable de pouvoir renseigner de temps en temps le Conseil général.

3° Le Conseil général doit posséder une copie exacte du registre des dentistes, qui de temps en temps et au moins une fois par an, sera, sous sa direction, imprimée, publiée et vendue. Ladite copie doit être acceptée comme preuve légale.

4° Le registre des dentistes doit être sous la garde particulière de l'archiviste général et sera considéré comme document public; il sera admis comme preuve légale en toute occasion.

5° Chaque archiviste local doit tenir son registre de manière à pouvoir toujours fournir les renseignements demandés par le Conseil général.

Chaque archiviste doit se conformer aux ordres et commandements du Conseil général.

Le Conseil général peut, lorsque cela lui semble juste, faire révoquer et changer les ordres d'enregistrement ou d'élimination du registre des Dentistes, de tout diplôme, grade, autorisation, etc., obtenu ou possédé par une personne déjà enregistrée qui semble au conseil avoir été accordé, après examen, par une autorité médicale en raison d'un degré de connaissances plus élevées que celles requises pour obtenir le certificat d'aptitude exigé par cet Act.

Correction du registre des dentistes.

12. 1° L'archiviste général doit de temps en temps insérer dans le registre des dentistes tous les changements portés à sa connaissance concernant une personne enregistrée.

2° L'archiviste général doit rayer du registre tous les noms des personnes décédées; il sera juge de la valeur des preuves.

3. L'archiviste général peut rayer du registre toute personne ayant cessé d'exercer, mais (comme il a été prévu ci-après) pas sans le consentement de la personne enregistrée; l'archiviste général doit s'informer par lettre auprès de la personne enregistrée de la cessation d'exercice ou changement de domicile, et s'il ne reçoit pas au bout de trois mois une réponse, il doit, quatorze jours après l'expiration des trois mois, lui envoyer une note, dans une lettre recommandée, se rapportant à la première

lettre restée sans réponse, et si pendant ce temps l'archiviste reçoit par retour, du directeur général de la poste, sa première lettre ou la note envoyée, ou si après l'expiration de trois mois après l'envoi de la note, l'archiviste ne reçoit aucune réponse, la personne intéressée sera jugée comme ayant cessé d'exercer et son nom sera rayé du registre.

4° Dans l'exécution de son devoir l'archiviste général doit agir avec un témoignage de cause et de capacité.

Radiation du registre des dentistes, des noms de praticiens coupables d'un crime ou ayant une conduite déshonorante.

13. Le Conseil général doit rayer du registre des dentistes toute inscription inexacte ou frauduleuse.

Si la personne enregistrée a été avant ou après l'application de cet Act, avant ou après son enregistrement coupable soit dans les domaines de Sa Majesté ou ailleurs d'un délit, qui en Angleterre aurait été qualifié crime, ou si elle a une conduite professionnelle infamante et déshonorante, cette personne doit être rayée du registre.

Le Conseil général à la sollicitation d'une autorité médicale doit examiner la cause d'une personne exposée à avoir son nom rayé du registre, et après avoir recueilli des preuves de sa culpabilité d'un délit infamant et déshonorant, il doit ordonner de rayer son nom du registre.

On veillera à ce que le nom d'une personne ne soit pas rayé pour avoir adopté ou s'être obstinée à suivre dans l'exercice de son art ou de la chirurgie dentaire une théorie particulière, ni pour un délit politique commis hors du domaine de Sa Majesté, ni pour d'autres délits insignifiants.

Un nom rayé du registre doit être aussi rayé de la liste des diplômes de l'art et de la chirurgie dentaires de l'autorité médicale ayant accordé le diplôme.

Restitution des noms sur le registre des dentistes.

14. Le nom rayé par ordre du Conseil général ne doit être réinscrit sur la liste qu'avec l'autorisation du Conseil général ou par ordre d'un Tribunal compétent.

Si le Conseil général juge convenable, il peut ordonner à l'archiviste général de restituer une inscription quelconque ou un nom rayé soit avec ou sans paiement; le paiement ne doit pas dépasser le prix de l'enregistrement fixé par le Conseil général.

Le nom d'une personne rayée du registre des dentistes avec le consentement de la personne peut sur sa demande et après le paiement des frais d'enregistrement fixés par le Conseil général être réinscrit sur le registre, excepté dans le cas où ce nom a été rayé par ordre du Conseil général.

Si le nom d'une personne réinscrite sur le registre en vertu de cette section a été rayé de la liste de licence en art et en chirurgie dentaires d'une autorité médicale quelconque, ce nom doit être aussi réinscrit sur ladite liste de licence.

15. Le Conseil général doit nommer une commission constituée des membres du Conseil chargée d'examiner le cas avant de rayer ou de restituer un nom quelconque; le nombre des membres de la commission ne doit pas dépasser cinq, dont trois présents constituent la majorité.

Commission du Conseil général instituée pour rayer ou restituer un nom sur le registre.

Le rapport de la commission est décisif pour le Conseil général.

Le Conseil général doit nommer et maintenir un comité pour les besoins de cette section, et déterminer de temps à autre la constitution, le nombre et la durée du comité.

Le comité devra se réunir pour expédier les affaires et d'après la teneur de cet Act ou d'après des ordres émanés de temps en temps du Conseil général, pourra régler la date de l'ouverture, le lieu, le programme et l'ajournement de telles réunions, ainsi que la nomination d'un président, le mode de solution à donner aux questions et généralement la transaction et la direction des affaires y compris le quorum. S'il y a une majorité, le comité peut agir malgré l'absence des autres membres. En cas d'absence d'un des membres, le comité peut nommer un membre du Conseil général pour remplacer le membre absent, jusqu'à la prochaine réunion du Conseil.

Le comité, s'il le juge nécessaire, peut nommer un assesseur ou un aide aux frais du Conseil général.

Honoraires.

16. Chaque personne qui, avant le 1er janvier, 1879 est enregistrée suivant cet Act, doit payer la somme de 2 livres sterling, comme frais d'enregistrement; après cette date il sera perçu pour frais d'enregistrement une somme ne dépassant pas cinq livres sterling.

17. Le Conseil général peut de temps en temps changer ou révoquer les ordres ou les règlements qu'il juge nécessaires pour régulariser le registre général et le registre local, le mode et le payement d'enregistrement.

Ordres du Conseil général.

Examens. — 18. Chaque autorité médicale a le droit d'examiner toute personne désirant exercer comme dentiste et de lui délivrer après examen un diplôme en chirurgie ou en art dentaire ; le nom de la personne diplomée doit être inscrit sur la liste des diplômes du collège qui l'a délivré. Chacun de ces collèges doit admettre à l'examen toute personne qui a atteint

Examens des chirurgiens dentistes.

l'âge de 21 ans et qui a fait ses études préliminaires dans un collège.

Commission des examens.

19. Les examens doivent-être tenus devant un jury d'examinateurs du Collège royal de chirurgie d'Édimbourg, de la Faculté de médecine et de chirurgie de Glascow, du Collège royal de chirurgie d'Irlande ou devant une Université quelconque du Royaume-Uni, qui a le droit de délivrer des diplômes mentionnés ci-devant.

Chacune de ces commissions portera le nom de la commission des examinateurs en art et en chirurgie dentaires et doit être composée de six membres dont la moitié au moins doit comprendre des personnes enregistrées conformément à cet Act; un tel enregistrement doit suffire pour être membre de ladite commission.

Chaque personne faisant partie de ce conseil doit remplir ces fonctions pendant une période déterminée et examiner et accorder les diplômes de telles formes et manières, qu'ils puissent être pris en considération par le conseil ou par une autre autorité.

Une vacance par cas fortuit dans la commission des examinateurs doit être remplie par le conseil ou la direction, qu'institue cette commission, mais la personne instituée doit répondre aux mêmes titres et remplir les fonctions pendant le temps déterminé pour celle qu'elle remplace.

Frais des examens.

20. Les frais des examens sont institués par le conseil ou par une autorité universitaire mentionnée plus haut.

Continuation des examens de l'art et de la chirurgie dentaire dans le collège royal des chirurgiens de l'Angleterre.

21. Le Collège royal des chirurgiens de l'Angleterre doit continuer à examiner dans l'art et la chirurgie dentaires et à délivrer après examen, des diplômes, qui devront être enregistrés sur la liste des diplômes dudit collège.

Informations exigées par le Conseil général sur les examens.

22. Chaque autorité médicale doit de temps en temps à la demande du Conseil général lui fournir des informations touchant le genre d'études et les examens nécessaires pour obtenir de semblables certificats. Un délégué du Conseil général ou de sa succursale peut assister aux examens.

Rôle du conseil privé dans les défectuosités pouvant avoir lieu aux examens.

23. Si le Conseil général croit que le cours et les examens ne présentent par une garantie suffisante de connaissances dans l'art et la chirurgie dentaires pour la personne acquérant le diplôme, le Conseil général peut faire un rapport au Conseil privé de Sa Majesté.

Pouvoir du Conseil privé.

24. Le Conseil privé s'appuyant sur des données citées ci-devant peut empêcher par ordre l'enregistrement d'un de ces diplômes sur le registre créé par cet Act. Le conseil privé peut révoquer un

ordre lorsque le Conseil général déclare avoir obtenu satisfaction d'un de ces Collèges.

25. Une personne ayant obtenu un diplôme d'un collège frappé par l'ordre cité ci-dessus ne peut pas être enregistrée conformément à cet Act, et la révocation de cet ordre ne donne pas droit à une personne d'être enregistrée en vertu d'un diplôme délivré avant la révocation.

Conséquences d'un tel ordre.

26. Si le Conseil général apprend qu'une autorité médicale quelconque en échange de la délivrance d'un certificat impose à une personne une théorie particulière pour être adoptée dans l'exercice de l'art et de la chirurgie dentaires le Conseil privé peut ordonner qu'une telle autorité cesse d'avoir le droit d'accorder des diplômes permettant d'être enregistré sous cet Act.

Le Conseil privé peut défendre de faire une tentative d'imposer restriction à une théorie dans l'art dentaire par une autorité accordant des diplômes.

27. Un certificat mentionné dans cet Act ne donne pas le droit d'être enregistré dans l'Act médical de 1858 et de prendre un titre mentionné dans cet Act et accordé exclusivement aux médecins et chirurgiens généraux.

Exception d'enregistrement 21 et 22 Vict. C. 90.

28. Les personnes ayant passé leur examen devant un jury composé de médecins et ayant obtenu un diplôme de ladite commission ne peuvent pas exercer l'art et la chirurgie dentaires à moins d'avoir passé un examen spécial devant une commission dont la moitié se compose de personnes figurant sur le registre créé par cet Act.

Précautions à prendre pour la direction des examens par la commission des examinateurs

Le Conseil général a le droit de régler les examens des personnes aspirant au diplôme de chirurgien dentiste comme il le fait pour ceux qui aspirent au diplôme en médecine et en chirurgie.

Le comité médical à la requête du Conseil général indiquera aux autorités médicales les personnes qui, après examen, se seront montrées qualifiées pour exercer l'art du dentiste ou du chirurgien dentiste et toute personne ainsi qualifiée recevra, sur sa demande, d'un des collèges (mentionnés dans l'Act) un certificat d'aptitude donnant à telle ou telle personne le titre de licencié de chirurgie dentaire de tel Collège ou Faculté et toute personne ayant obtenu un tel certificat aura droit, après versement d'une somme fixée, d'être portée sur le registre des dentistes.

Le Conseil général et le Conseil privé doivent avoir le même contrôle sur la commission médicale en ce qui concerne les examens des personnes désirant obtenir un certificat pour l'exercice de l'art et la chirurgie dentaires que celui qu'ils ont pour les examens des personnes désirant obtenir le diplôme permettant l'exercice de la médecine et de la chirurgie, ils ont également le droit de destituer les membres de cette commission.

Un projet élaboré par le Conseil général concernant les examens n'a de valeur que lorsqu'il est confirmé par le Conseil privé.

SUPPLÉMENT.

Preuves légales d'enregistrement.

29. Une copie du registre des dentistes devra être considérée en toutes circonstances (à moins que le contraire soit prouvé) comme preuve légale que les personnes spécifiées dans ledit registre y sont enregistrées d'après les dispositions de cet Act. Toutefois, en cas d'omission du nom d'une personne sur une telle copie, un extrait certifié par l'archiviste du Conseil général de l'inscription de cette personne sur le registre des dentistes, sera admise comme preuve que ladite personne est enregistrée conformément à cet Act.

Exemption des personnes enregistrées.

30. Chaque personne enregistrée dans cet Act peut être exempte, si elle le désire, de servir comme juré, ainsi que des services communaux, milice, etc.

Exercice du pouvoir du conseil privé.

31. Les pouvoirs dévolus par cet Act peuvent être exercés par deux ou plusieurs lords ou autres du Conseil privé de Sa Majesté. Un ordre du Conseil privé peut être conditionnel ou inconditionnel d'après l'appréciation du Conseil.

Application du payement.

32. L'argent reçu par le Conseil général pour l'enregistrement ou pour la vente des copies doit être employé pour l'entretien des musées, bibliothèques, écoles et de tout ce qui a rapport avec l'enseignement de l'art et de la chirurgie dentaire.s

Publication des comptes.

33. Les caissiers du Conseil général et de sa succursale doivent inscrire dans des livres tenus spécialement à cet effet tout l'argent qu'ils reçoivent et en rendre compte au Conseil général et à sa succursale en temps demandé par le Conseil; les comptes doivent être publiés une fois par an et être présentés devant les deux Chambres du Parlement au mois de mars; si le Parlement ne siège pas, la présentation doit être faite un mois après l'ouverture de la session.

Sanction pénale de la falsification volontaire du registre.

34. Un archiviste qui commet volontairement une falsification du registre se rend responsable d'un délit puni en Angleterre, Irlande et Écosse d'une amende ou d'un emprisonnement ne dépassant pas douze mois.

36. Une personne qui volontairement se procurera pour l'enregistrement un faux certificat, sera responsable, elle et son complice s'il y en a un, d'un délit puni en Angleterre, Irlande et Écosse d'une amende ou d'un emprisonnement ne dépassant pas douze mois.

Sanction pénale pour avoir obtenu l'enregistrement par la présentation d'un faux certificat.

36. Un archiviste de l'État civil après avoir enregistré le décès d'une personne enregistrée conformément à cet Act, doit faire connaître le décès par lettre envoyée à l'archiviste du Conseil général ou à sa succursale dans la localité où le décès a eu lieu.

Notice sur le cas de décès d'un exerçant.

37. Une personne qui fait son apprentissage chez un dentiste apte à être enregistré et qui finit son apprentissage le 1er janvier 1880 pourra être enregistrée sur le registre créé pour cet Act. Le Conseil général peut dispenser des examens ou des autres conditions nécessaires pour l'enregistrement, qu'il juge à propos, un élève dentiste ayant commencé son éducation ou son apprentissage avant l'application de cet Act.

Dispositions pour certains élèves.

38. Toutes les lois accessoires, ordres, régularisations faites par le Conseil général ou par une autorité médicale peuvent être remplacés.

Lois accessoires.

39. Tous les documents peuvent être envoyés au Conseil général, par la poste sous lettre recommandée et l'adresse doit être correctement mise et lisible. Ils seront considérés comme ayant été reçus, si l'on peut prouver que les pièces ou les documents ont été mis à la poste convenablement adressés et affranchis.

Envoi des documents par la poste.

40. Le recouvrement des payements dus au Conseil général se fait comme celui des dettes ordinaires ; et le recouvrement des amendes se fait d'après un acte arrêté dans la session de la onzième et de la douzième année du règne de Sa Majesté présente. 27 et 28 Vict. c. 53. 14 et 15 Vict. c. 93.

Recouvrement des amendes.

ANNEXE.

Déclaration demandée par cet Act à une personne exerçant l'art dentaire à l'application de cet Act.

Je . . . . demeurant . . . . déclare par le présent avoir exercé comme dentiste, sérieusement et de bonne foi de . . . . jusqu'à l'application de l'Act des dentistes 1878.

(*Signé*)

(*Témoins*)

le 18

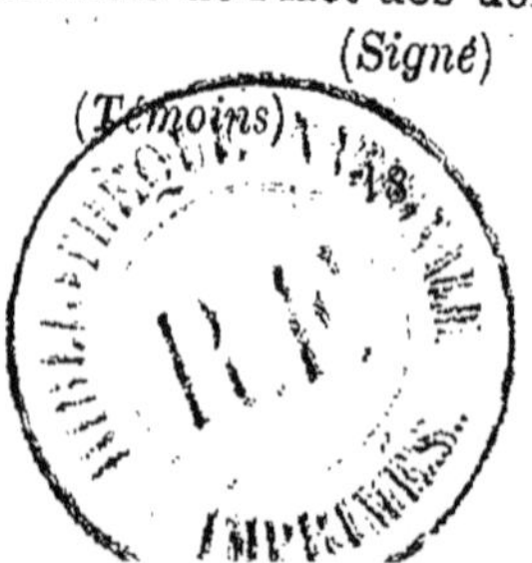

Note. Chaque personne qui volontairement se procure ou essaye de se procurer pour l'enregistrement, soit seule ou avec l'aide d'une autre personne, un faux certificat ou une déclaration verbale ou écrite, sera punie elle et son complice d'un emprisonnement de douze mois.

ORDRE DES SECTIONS.

1. Intitulation abrégée.
2. Interprétation.

ENREGISTREMENT.

3. Sanction pénale de personnes non enregistrées usant du titre de dentiste, etc.
4. Mesure de précaution à prendre contre la violation de la loi par des personnes non enregistrées prenant le nom et comme délit commis en s'appropriant un titre qui ne leur appartient pas.
5. Privilège de personnes enregistrées.
6. Qualification nécessaire pour l'enregistrement.
7. Enregistrement dans le registre des dentistes 5 et 6 W 4 c. 62.
8. Enregistrement des dentistes coloniaux possédant des certificats reconnus.
9. Enregistrement des dentistes étrangers munis des certificats reconnus.
10. Certificats des dentistes coloniaux et étrangers reconnus.
11. Forme et contenu du registre des Dentistes et mesures de précaution le concernant.
12. Correction du registre des Dentistes.
13. Radiation du registre des Dentistes, des noms des praticiens coupables d'un crime ou ayant une conduite déshonorante.
14. Restitution des noms sur le registre des deux listes.
15. Commission du Conseil général instituée pour rayer ou restituer un nom sur le registre.
16. Honoraires.
17. Ordres du Conseil général.

Examens. — 18. Examens des chirurgiens dentistes.

19. Commission des Examens.
20. Frais des examens.

21. Continuation des examens de l'art et de la chirurgie dentaires dans le Collège royal des chirurgiens de l'Angleterre.

22. Informations exigées par le Conseil général sur les examens.

23. Rôle du Conseil privé dans les irrégularités pouvant avoir lieu aux examens.

24. Pouvoir du conseil privé, d'après un rapport, d'opposer son veto.

25. Conséquences d'un tel ordre.

26. Le conseil privé peut défendre de faire une tentative d'imposer une restriction à une théorie dans l'art dentaire à une autorité accordant des diplômes.

27. Exception d'enregistrement 21 et 22 Vict. c. 90.

28. Précautions à prendre pour la direction des examens par la Commission des examinateurs.

SUPPLÉMENT.

29. Attestation d'enregistrement.

30. Exemption des personnes enregistrées.

31. Exercice du pouvoir du éonseil privé.

32. Application du payement.

33. Publication des comptes.

34. Sanction pénale pour la falsification volontaire du registre.

35. Sanction pénale pour avoir obtenu l'enregistrement par la présentation d'un faux certificat.

36. Notice sur les cas de décès d'un dentiste exerçant.

37. Dispositions pour certains élèves.

38. Lois accessoires.

39. Envoi des documents par la poste.

40. Recouvrement des amendes. Annexe.

Bien que l'Angleterre ait été précédée par l'Amérique dans la création d'écoles dentaires, la première de ces nations n'en a pas moins rendu un signalé service à l'odontologie en faisant rentrer cette spécialité dans l'étude générale des sciences médicales. C'est là un progrès considérable qui aura pour les dentistes anglais d'incalculables conséquences tant au point de vue de leur valeur scientifique que de leur valeur sociale. Pour donner un aperçu général des idées qui ont présidé à la création du programme d'études des écoles dentaires nous ne pouvons pas mieux faire que de nous inspirer du discours prononcé lors du Congrès international de Londres par M. John Tomes, l'un des hommes les plus considérables et les plus justement estimés qui aient présidé aux réformes dont nous avons pu apprécier les heureux résultats (1).

Il est indispensable en lisant les lignes qui vont suivre de ne point perdre de vue que l'organisation des études médicales dans la Grande-Bretagne diffère considérablement de l'organisation française et qu'il ne serait point possible de transporter pour ainsi dire d'un seul bloc, dans notre pays, l'ensemble des réformes réalisées en Angleterre, sans les harmoniser au préalable, avec nos institutions et nos mœurs nationales. Néanmoins, nous trouverons beaucoup de choses à emprunter après une sage adaptation, si, comme on est à peu près unanime à le souhaiter, l'exercice de la chirurgie dentaire doit être également soumis dans notre pays à une réglementation dont la nécessité et l'urgence n'échappent à personne.

Avant la création des écoles dentaires anglaises, il y avait deux classes à peu près distinctes de dentistes. Les uns appartenant à la profession médicale, n'avaient souvent dans leur spécialité que des connaissances incomplètes, cette insuffisance se traduisant surtout dans ce qu'on est convenu d'appeler la mécanique ou la prothèse dentaire; d'autre part, un certain nombre de dentistes avaient passé leur jeunesse dans un atelier et y avaient acquis une grande habileté manuelle, mais aux dépens de leur

(1) Ce discours a été traduit et publié par M. le Dr Andrieu. Paris, libr. Doin.

instruction générale qui était à peu près nulle. « On entrait alors, dit M. J. Tomes (*loc. cit.*) dans la pratique par deux côtés parfaitement distincts et il s'en suivait qu'il y avait deux classes séparées de praticiens : l'une habile à conseiller, l'autre à opérer; mais ni l'une ni l'autre n'était à elle seule capable à la fois d'indiquer ce qu'il y avait à faire et de l'exécuter. »

Peu nombreux au commencement du siècle, les dentistes en 1820 avaient considérablement augmenté de nombre, et en mai 1878, dit M. J. Tomes (*loc. cit.*) « le nombre des praticiens *bona fide* du Royaume-Uni d'après les relevés faits par les fournisseurs pour dentistes, était d'environ deux mille. Dans ce nombre n'étaient pas compris les élèves et les aides. Le premier registre publié en 1879 contient les noms de 5,291 personnes dont 2,049 déclarèrent pratiquer l'art dentaire conjointement avec la pharmacie. Cinquante étaient médecins ou chirurgiens de sorte qu'il ne restait que 2,707 personnes uniquement dentistes parmi lesquelles 483 étaient licenciées en chirurgie dentaire. Sur les 2,224 restant, si l'on fait déduction de ceux qui représentaient les aides ou les quasi-praticiens s'étant fait enregistrer, on verra que le nombre des entrées inscrites sur le registre est bien en rapport avec celui des praticiens « bona fide » enregistrés à l'époque de la promulgation du dentist's Act. »

On en vint bientôt à reconnaître, poursuit M. J. Tomes, que l'enseignement dentaire étroitement limité tel qu'il était donné était absolument insuffisant et, « après quelques années de discussion on finit par décider que *l'instruction générale et l'instruction spéciale marcheraient simultanément*, de façon qu'il fût possible d'acquérir d'abord, c'est-à-dire pendant la jeunesse, l'habileté manuelle puis, plus tard, à l'époque où l'aptitude à s'instruire est plus développée, les connaissances chirurgicales nécessaires.

Si, comme nous l'avons dit les Américains avaient avant les Anglais reconnu la nécessité de fonder des collèges dentaires spéciaux, les premiers en raison sans doute de l'abaissement de la valeur scientifique des diplômes médicaux délivrés alors par les universités ou les collèges, firent prédominer l'enseignement spécial sur l'enseignement général. M. J. Tomes combat cette manière de voir par des arguments fort justes et qu'il est bon de retenir.

Et d'abord quelle part faut-il faire respectivement à l'enseignement spécial et à l'enseignement général? M. J. Tomes se rallie à l'opinion formulée par le président de l'Université de Harvard. Ce dernier divise les matières qui constituent l'instruction nécessaire au chirurgien dentiste en celles qui sont communes à la fois au chirurgien ordinaire et au spécialiste et en celles qui conviennent uniquement à ce dernier. Il estime que la proportion des premières est des trois cinquièmes et celle des secondes des deux cinquièmes dans l'enseignement complet (J. Tomes, *loc. cit.*).

Il en résulte que les connaissances communes à la fois au chirurgien dentiste et au chirurgien ordinaire pouvaient parfaitement être enseignées dans les universités et dans les collèges possédant tous les éléments d'instruction et pourvus de professeurs. Cette séparation purement artificielle présente plus d'un inconvénient. M. J. Tomes s'appesantit sur le suivant : « En effet la séparation de l'étudiant dentiste et des autres élèves en médecine, au point de vue de l'étude des sujets communs à la chirurgie générale et à la chirurgie dentaire n'offrait aucun avantage d'instruction, *en comparaison du tort que des études limitées faites dans une école spéciale pouvaient causer.* »

« Cette séparation ne pouvait d'ailleurs que favoriser la production d'une distinction sociale au détriment manifeste du praticien dentiste, dont la prétention à posséder toutes les connaissances médico-chirurgicales indispensables n'auraient pas pu entrer en ligne avec l'instruction étendue de ceux qui avaient étudié dans des écoles munies de toutes les facultés possibles d'enseignement et sous la direction d'excellents professeurs. On peut le dire sans crainte, dans quel endroit l'étudiant laborieux et désireux d'apprendre, aurait-il pu acquérir une connaissance complète de la profession mieux que dans les écoles de médecine d'Amérique et de la Grande-Bretagne ? »

« La position prise en Amérique par les écoles de médecine (au nombre de 33) à l'époque de la fondation du premier collège dentaire, c'est-à-dire vers 1840, a dû évidemment avoir une grande influence sur l'organisation de cette institution, mais il ne serait pas raisonnable d'en conclure que les collèges dentaires auraient pu, s'ils l'avaient voulu, donner un plus haut degré d'instruction médicale que les collèges de médecine. Et cependant nos confrères d'Amérique étaient et semblent encore absolument convaincus de la nécessité d'une éducation purement spéciale, et bien qu'ils ne soient pas en mesure de l'imposer, ils se font cependant un devoir d'offrir à l'étudiant toutes les chances possibles d'acquérir non seulement les connaissances requises pour la spécialité, mais encore l'habileté nécessaire à la pratique. »

« Tout ce qui a trait à la chirurgie générale semble être moins digne d'attention ou du moins occupe moins de place dans les programmes des collèges dentaires américains que l'instruction spéciale. Dans quelques cas même on se voit porté à croire que les directeurs de ces collèges pensent qu'on peut acquérir une connaissance suffisante des principes généraux de la chirurgie rien que par l'étude des sujets spéciaux. A la rigueur il se pourrait qu'en Amérique il en fût ainsi; mais pour le dentiste anglais, obligé d'organiser un enseignement aussi complet, aussi parfait que possible pour ses successeurs, un tel ordre de chose paraissait aussi insensé que l'acte de « mettre la charrue devant les bœufs » et offrait un exemple qui ne devaitêtre imité qu'après un examen attentif de tous les faits qui s'y rapportaient. On sentait dans notre pays que l'instruction médicale prédominante *n'était pas au-dessus de ce qu'on peut exiger d'un dentiste,* mais que si cette instruction était de deux cinquièmes inférieure à l'ensemble des connaissances strictement requises pour l'art dentaire, elle dépassait cependant de deux cinquièmes, dans certaines branches des sciences médicales, la somme des connaissances que l'on pouvait raisonnablement exiger d'un bon praticien dentiste. »

« Cette conviction a été parfaitement exprimée dans un mémoire adressé au Collège royal des chirurgiens d'Angleterre dans les termes suivants : Il n'est nullement question ici d'une instruction ou d'examens inférieurs à ceux que l'on exige du médecin; il s'agit seulement d'une certaine différence *dans la forme, mais non dans le degré,* c'est-à-dire d'une instruction et d'examens spécialement adaptés aux exigences du chirurgien dentiste si différents de ceux qu'on exige du chirurgien ordinaire. » (J. Tomes, *loc. cit.*)

Comme le dit fort bien M. J. Tomes, pour le médecin et le dentiste le degré d'instruction peut être le même, mais les sujets d'études peuvent être partiellement différents. Ces sages réflexions peuvent s'appliquer à d'autres pays qu'à l'Angleterre et à l'Amérique, c'est pourquoi nous les rapportons. Étant donné que l'étudiant qui désire se consacrer à la pratique de la chirurgie dentaire doit s'appesantir sur certaines études et peut en négliger d'autres, on s'est proposé de rechercher quelles étaient les parties du programme de médecine qui pouvaient être diminuées ou omises, de façon à pouvoir consacrer un certain temps à l'étude scientifique et pratique de la chirurgie. « C'est là, dit M. J. Tomes, qu'était pour nous le nœud de cette question si difficile et qui n'a peut-être pas encore reçu sa solution complète, mais comme nous étions les derniers venus dans l'organisation d'un système complet d'enseignement dentaire, il y a lieu de penser que nous avons établi le programme le plus parfait que jamais nation ait adopté jusqu'à ce jour. » (J. Tomes, *loc. cit.*)

Les détails du programme d'études que nous donnons ci-après ont été fixés par une commission émanant du conseil de médecine et composée de diverses autorités médicales, chargées d'après le « *Dentist's Act.* » de conférer les diplômes dentaires. Appuyés sur les vingt années d'expérience du collège des chirurgiens, les membres de la commission se sont tous déclarés en faveur du programme tracé par ledit collège et le Conseil l'adopta sans modifications appréciables.

Dans son discours, M. J. Tomes a longuement insisté sur la nécessité de faire précéder les études théoriques par un stage professionnel pendant lequel l'habileté manuelle de l'étudiant pourrait se développer et en même temps de la nécessité de donner aux études une direction pratique, c'est-à-dire d'éliminer les programmes ou les matières qui doivent être fatalement oubliées ou celles qui ne sont pas directement utiles, ce qui revient à spécialiser l'enseignement.

Or, la spécialisation de l'enseignement au point de vue de l'exercice d'une spécialité médicale ou chirurgicale, envisagée à ce point de vue, s'imposera certainement un jour en France aux méditations de ceux qui ont la mission de faire de nos Facultés de médecine de véritables écoles professionnelles.

Au point de vue de la hiérarchie universitaire on peut établir entre le médecin « membership » et le licencié en chirurgie dentaire « dental licentiateship » la même relation qu'entre l'agrégé « fellowship » et le médecin. (J. Tomes, *loc. cit.*)

Les examinateurs chargés d'interroger les candidats au diplôme dentaire sont les mêmes que pour la médecine. Toutefois, si le projet de loi de réunion des corps enseignants est mis à exécution pour la médecine, il en sera de même pour les examens dentaires. Le Parlement a prescrit que les commissions d'examens fussent composées d'un nombre égal de dentistes et de chirurgiens.

On inscrit actuellement sur le *Dentist's register*, les diplômes chirurgicaux conjointement avec les diplômes dentaires, parce qu'ils indiquent une étude plus approfondie de la chirurgie que les simples diplômes dentaires.

Nous donnons, d'après M. Tomes, les tableaux suivants dressés par M. Hutchinson et traduits par M. le Dr Andrieu. Ces tableaux permettent de juger la différence existant entre les études suivies par le candidat au titre de médecin et les connaissances que doit acquérir le candidat au titre de licencié en chirurgie dentaire.

TABLEAU COMPARATIF

des cours d'études exigés par le collège royal des chirurgiens d'Angleterre. pour le médecin et pour le licencié en chirurgie dentaire.

Programme pour le « memberschip » (médecine).	*Programme pour le « dental lisentiateship »* licence en chirurgie dentaire.
1. — Un examen ès arts	1. — Id.
2. — Age : 21 ans	2. — Id.
3. — 4 ans d'études professionnelles	3. — Id.
4. — Leçons d'anatomie. 2 sessions d'hiver	4. — Id. et de plus un seconde session de leçons sur la tête et le cou.
5. — Dissections. 2 sessions d'hiver : 12 mois	5. — 9 mois.
6. — Physiologie. Une session d'hiver	6. — Id.
7. — Physiologie pratique	7. — Métallurgie. Une session.
8. — Leçons de chirurgie. Une session d'hiver	8. — Id.
9. — Chirurgie pratique. 6 mois	9. — Voyez au n° 18.
10. — Un cours de chimie (facultatif)	10. — Id. (obligatoire).
11. — » » de matière médicale	11. — Id.
12. — » » de médecine	12. — Id.
13. — » » de médecine légale	13. } Anatomie et physiologie dentaires. 2 sessions.
14. — » » d'accouchement	14. }
15. — » » de pathologie	15. } Chirurgie et pathologie dentaires. 2 sessions.
16. — Pharmacie pratique et vaccine	16. }
17. — Chimie pratique	17. — Id.
18. — Chirurgie pratique. 3 sessions d'hiver et 2 d'été	18. — 2 hivers et 2 années de pratique dans un hôp. dent.
19. — Examen des malades. 3 mois	19. — Dans un hôpital dentaire.
*20. — Leçons clin. sur la chir. 2 sessions d'hiver et 2 d'été.	20. — 2 hivers.
21. — Externat à l'hôpital, 6 mois	21. } 2 séries de leçons sur la mécanique dentaire.
22. — Démonstrations post-mortem	22. } 3 ans de pratique de la mécanique dentaire.
23. — Médecine prat. Un hiver et un été. Clin. médicale...	23. }

PROGRAMME D'ÉTUDES DENTAIRES

CORPS POUVANT CONFÉRER LA LICENCE.	ÉTUDES DE MÉDECINE GÉNÉRALE À SUIVRE DANS UNE ÉCOLE ET UN HÔPITAL RECONNUS.										CERTIFICATS À PRODUIRE.			EXAMENS SANS OBLIGATION DU COURS D'ÉTUDES.
	ANATOMIE.	ANATOMIE de la tête et du cou. Pas moins de 20 leçons ou bien un 2e cours d'anat.	DISSECTION.	PHYSIOLOGIE Un cours d'hiver.	CHIMIE.	CHIRURGIE.	MÉDECINE.	MATIÈRE MÉDICALE.	CHIMIE PRATIQUE.	COURS dans un hôpital général et instruction chimique	21 ANS D'AGE.	4 ANS D'ÉTUDES professionnelles.	EXAMEN préliminaire ès arts.	
Collège royal des chirurgiens d'Angleterre.	Une session d'hiver au moins.	Un cours	9 mois.	Un cours de 6 mois.	Un cours de 6 mois.	Un cours de 6 mois.	Un cours de 6 mois.	Un cours.	Un cours.	Un an au moins.	21 ans.	4 ans.	Un.	Les candidats qui pratiquaient ou qui avaient commencé leurs études : *Avant le 8 septembre* 1859, et qui pratiquaient en Angleterre au moment de la promulgation du « Dentist's Act », sont admis à subir l'examen en produisant certains certificats.
Collège royal des chirurgiens d'Édimbourg.	Id.	Id.	Id.	Id.	Id.	Id.	Id.	Id.	Id.	Id.	Id.	Id.	Id.	Les candidats qui pratiquaient : *Avant le mois d'août* 1878, et les apprentis qui ont commencé leurs études dentaires *Avant le mois d'août* 1875, sont admis à subir l'examen en produisant certains certificats.
Faculté de médecine et de chirurgie de Glascow.	Id.	Id.	Id.	Id.	Id.	Id.	Id.	Id.	Id.	Id.	Id.	Id.	Id.	Les candidats qui pratiquaient : *Avant le mois d'août* 1878, et les apprentis qui ont commencé leurs études dentaires *Avant le mois d'août* 1875, sont admis à subir l'examen en produisant certains certificats.
Collège royal des chirurgiens d'Irlande.	Id.	Id.	Id.	Id.	Id.	Id.	Id.	Id.	Id.	Id.	Id.	Id.	Id.	Les candidats sont admis à subir l'examen *Jusqu'au mois d'août* 1881, en produisant certains certificats à la condition d'avoir exercé 5 ans avant la date de l'application de la loi.

SUJETS SPÉCIAUX

CORPS POUVANT CONFÉRER LA LICENCE.	ANATOMIE et physiologie dentaire humaine et comparée.	CHIRURGIE DENTAIRE.	MÉTALLURGIE.	MÉCANIQUE DENTAIRE.	PRATIQUE dans un hôpital dentaire ou dans la section dentaire d'un hôpital général.	CERTIFICATS constatant des études de mécanique dentaire, pendant trois ans chez un praticien enregistré.	OBSERVATIONS.
Collège royal des chirurgiens d'Angleterre.	24 leçons au moins.	20 leçons au moins.	12 leçons au moins, à moins que cette étude ne soit intercalée dans la chimie pratique.	12 leçons ou démonstrations au moins.	Deux ans.	Trois ans.	Tout candidat avant de recevoir la licence doit déclarer qu'il n'aura recours ni aux annonces, ni à tout autre moyen peu honorable d'attirer le client, pendant tout le temps qu'il se servira de son diplôme de licencié en chirurgie dentaire de ces collèges.
Collège royal des chirurgiens d'Édimbourg.	Id.	Id.	Id.	Id.	Id.	Id.	
Faculté de médecine et de chirurgie de Glascow.	Id.	Id.	Id.	Id.	Id.	Id.	
Collège royal des chirurgiens d'Irlande.	Id.	Id.	Id.	Id.	Id.	Id.	

Il nous reste maintenant à faire connaître dans leurs détails les épreuves imposées aux candidats pour l'obtention : 1° du *dental diploma;* 2° du « *membership* » du Collège royal des chirurgiens 3° du « *fellowship* » du Collège royal des chirurgiens.

J'emprunte les renseignements qui suivent aux documents officiels que M. Underwood, doyen de l'École, a gracieusement mis à ma disposition.

L'hôpital dentaire de Londres, fondé en 1859, fut ouvert aux malades, au Soho Square, en 1874. Cet édifice fut abandonné pour des locaux mieux appropriés, et transporté 40 Leicester Square, où sont actuellement réunis l'École et l'Hopital dentaires. L'importance de cette École s'est rapidement accrue et elle compte actuellement de 70 à 80 élèves. En tenant compte de la faveur dont elle jouit on peut prévoir que le nombre de ses élèves ira sans cesse en s'accroissant.

Le personnel de l'École, comme cela se comprend du reste, est sujet à certains remaniements; toutefois, au commencement de l'année 1882, il était constitué comme il suit; nous donnons en même temps les jours et les heures de consultation.

CONSULTATIONS

MÉDECIN CONSULTANT

Sir Thomas Watson, Bart., M. D.

CHIRURGIEN CONSULTANT

M. Christopher Heath, F. R. C. S.

CHIRURGIENS DENTISTES CONSULTANTS

M. Samuel Cartwright, F. R. C. S.
M. John Tomes, F. R. S.

CHIRURGIENS DENTISTES

9 h. du matin. *Lundi.* — M. Fox. M. R. C. S., L. D. S.
— — *Mardi.* — M. Medwin, M. D., M. R. C. S., L. D. S., etc.
— — *Mercredi.* — M. Gregson, M. R. C. S., L. D. S.
— — *Jeudi.* — M. Coleman, F. R. C. S., L. D. S., etc.
— — *Vendredi.* — M. Henry Moon, M. R. C. S., L. D. S., etc.
— — *Samedi.* — M. Hill, L. D. S...

CHIRURGIENS DENTISTES PRÉPARATEURS

— — *Lundi.* — M. F. Canton, L. R. C. P., M. R. C. S., L. D. S
— — *Mardi.* — M. Arthur S. Underword, M. R. C. S., L. D. S.
— — *Mercredi.* — M. D. Hepburn, L. D. S.
— — *Jeudi.* — M. R H. Woodhouse, M. R. C. S., L. D. S.
— — *Vendredi.* — M. Storer Bennet, L. R. C. P., M. R.
— — *Samedi.* — M. Huthchinson, M. R. C. S., L. D. S.

ADMINISTRATEURS DE CHLOROFORME

9 h. 30 du mat. *Mardi et mercredi.* — M. Clover, F. R. C. S.
— — *Vendredi et samedi.* — M. Braine, F. R. C. S. C. S., L. D. S.
— — *Lundi.* — M. Bailey, M. R. C. S.

DÉMONSTRATEURS

M. Claude Rogers, M. R. C. S. L. D. S., D. D. S. U. S.
M. John Ackery, M. R. C. S., M. D. S.

MÉDECIN SURVEILLANT

M. A Morton Smale. M. R. C. S., L. D. S., L. S. A.

CHIRURGIEN ATTACHÉ A LA MAISON

M. Herbert Blackmore.

AIDE CHIRURGIEN ATTACHÉ A LA MAISON

M. Arthur Curle.
T. Francis Ken Underwood, M. R. C. S., L. D. S., doyen.

Démonstrations (*Leçons pratiques*).

Les officiers médicaux ou professeurs « *medical officers* » s'efforcent de faire chaque matin des démonstrations aux commençants sur des cas choisis de temps en temps, pendant la session des cours. Les cours terminés, les élèves qui ont suivi les démonstration, à la satisfaction de leurs maîtres sont autorisés à faire des opérations sous la surveillance des officiers médicaux, ou du chirurgien résidant (1).

Les élèves plus anciens qui ont déjà satisfait à ces épreuves peuvent néanmoins assister à ces démonstrations, toutefois les meilleures places sont réservées aux nouveaux élèves dont les noms figurent sur une liste aux mains du chirurgien de service.

Les démonstrations sont des leçons pratiques, spécialement sur l'aurification, données chaque jour dans la salle des cours de 9 heures et demie du matin à 1 heure.

Ces classes sont ouvertes à tous les étudiants qui y assistent dans l'ordre assigné par le doyen.

SÉANCES D'APPRENTISSAGE POUR LES CAS D'EXTRACTION.

La série de ces séances dure deux mois ; il y a six séances pour les extractions avec emploi des anesthésiques ; elles sont destinées aux anciens ; dix-huit pour les nouveaux ; celles-ci ont pour objet les extractions ordinaires.

Les moniteurs sont choisis seulement parmi les élèves anciens ayant complètement suivi toutes les opérations pratiques et les cours de l'hôpital, et qui ont satisfait

(1) Le chirurgien résidant (*house surgeon*) remplit à la fois les fonctions de chef de clinique, de chef de laboratoire et d'interne de garde.

au stage exigé par le collège des chirurgiens pour la licence en chirurgie dentaire; ce stage se fait à l'un des hôpitaux généraux (1).

Droits généraux pour les cours spéciaux et la pratique de l'hôpital exigée par le règlement.

	Liv. st.	shell.
Deux cours sur l'anatomie dentaire..........		
» » » la chirurgie dentaire..........	15	15
» » » la mécanique dentaire........		
Un cours de métallurgie....................		

Droit pour les divers cours.

Anatomie et physiologie dentaires, un cours.....	3	3
» » » » , deux cours...	5	5
Chirurgie dentaire, un cours..................	3	3
» , deux cours..................	5	5
Mécanique dentaire, un cours.................	3	3
» , deux cours.................	5	5
Métallurgie, un cours........................	3	3
» , deux cours........................	5	5
Droits pour la pratique de deux ans à l'hôpital exigée par le règlement..........................	15	15

Total des droits pour les conférences spéciales et la pratique de l'hôpital exigée par le règlement : 31 *l. st.* 10 *sh.*

Les étudiants qui exécutent des opérations de plombage doivent se munir d'instruments leur appartenant.

L'École dentaire de Londres délivre des prix au mois de juin de chaque année.

(1) Nous ne donnons pas ici le programme des cours, dans la crainte d'augmenter outre mesure l'étendue de ce travail.

PRIX

1. Les professeurs décernent des prix aux élèves qui ont le mieux répondu aux examens faits à la fin du cours d'été et du cours d'hiver : chaque professeur se bornera à des interrogations sur les sujets traités par lui.

2. Des dispositions ont été prises pour la distribution d'un prix de dentisterie opératoire; chaque candidat est chargé de traiter une bouche qu'il devra, si cela n'est pas impraticable, mettre complètement en ordre.

α. Les prix mentionnés plus haut constituent ce que l'on appelle les « Prix de classes »; ils sont accordés et donnés, pour les matières régulièrement enseignées à l'École, par le jury médical et entièrement soumis à son contrôle.

β. Il n'est pas accordé de second prix quand la meilleure composition a obtenu moins de 75 p. 100 du nombre de points exigés ; en outre, il n'est accordé de second prix que si la composition classée seconde par ordre de mérite obtient au moins 75 p. 100 des points attribués à la première.

γ. Les premiers prix sont de la valeur de 3 l. st. 10 sh. Les seconds prix ont une valeur de 1 l. st. 10 sh.

δ. Toutes les fois qu'il y a hésitation au sujet d'un prix à octroyer, on s'en rapportera au comité médical, qui décide en dernier ressort.

3. Un prix d'une valeur de cinq guinées est donné par M. George Buchanan, de Glasgow, pour le meilleur mémoire sur le sujet suivant :

Définir la « NÉCROSE ». En quel sens ce mot est-il employé à l'égard des dents ? Dire ce que l'on sait de l'étiologie, de la pathologie, du traitement et des conséquences possibles :

(α) De la mort de la pulpe, (β) de la mort de la membrane péridentaire.

N. B. — En décrivant la pathologie de la nécrose, il est nécessaire d'examiner à fond les modifications microscopiques.

4. Une bourse de la valeur de 20 l. st. a été fondée par M. Edwin Saunders; elle est accordée à l'élève qui a obtenu le plus grand nombre de prix de première classe pendant les sessions d'hiver et d'été précédant le mois de juillet pendant lequel on la décernera. Toutefois :

1° Cet élève doit avoir payé tous les droits pour tous les cours, la clinique, et les autres études exigées par le Collège royal des chirurgiens d'Angleterre, comme condition pour obtenir le diplôme dentaire du dit collège.

2° Il doit avoir payé tous ses droits à cet hôpital pour tous les cours spéciaux, la clinique et les autres études exigées par ledit collège comme condition pour obtenir ledit diplôme.

3° Il doit avoir commencé ses études à cet hôpital depuis le mois d'août de l'année précédant celle où la bourse sera accordée, ce qui aura lieu au mois de juillet.

4° Il doit, en entrant à l'hôpital, avoir signé une déclaration de son intention de se présenter à l'examen pour ledit diplôme.

5° Il doit avoir assisté aux cours et à la clinique de cet hôpital, de façon à satisfaire le comité médical et à obtenir les signatures nécessaires à la cédule du Collège des chirurgiens pour le diplôme dentaire.

⁂ Pour accorder la bourse Saunders, on ne tient compte que de la possession de premiers prix, excepté dans le cas où deux étudiants, ou davantage, auraient un nombre égal de premiers prix. On tiendra compte alors des seconds prix. Dans les concours pour l'obtention de la bourse Saunders, les prix de classe seuls seront pris en considération.

Note. — Le comité médical a décidé que les boursiers de la fondation Saunders seraient admis, sans payer de droits supplémentaires, à une nouvelle année de pratique à l'hôpital.

RÈGLEMENT

QUI DEVRA ÊTRE OBSERVÉ PAR LES ÉTUDIANTS DE L'HÔPITAL.

1. Les étudiants suivant la pratique de l'hôpital dentaire doivent le faire avec l'intention d'obtenir le diplôme de *dentiste du Collège royal des chirurgiens d'Angleterre*; c'est ce qui sera bien entendu, à moins qu'ils ne soient exemptés de cette obligation, pour des raisons spéciales. Ils devront donc, avant de commencer le cours de leurs études, attester par leur signature leur intention de se conformer à cette règle ainsi qu'au règlement suivant :

2. Les étudiants doivent fréquenter l'hôpital tous les jours (excepté le dimanche) dès 9 heures du matin. Ils devront, tous les jours, signer leur nom sur un registre de présence.

3. Aucun étudiant n'entreprendra une opération quelconque, s'il n'a suivi un cours de démonstrations à la satisfaction des officiers médicaux. Quand on permettra aux élèves d'entreprendre des opérations de plombage, ils devront se pourvoir des instruments nécessaires. Pour tous les cas de plombage, il faut avoir l'autorisation d'un officier médical. On exigera de chaque élève, avant de lui signer sa cédule, un *certificat* constatant qu'il a, pendant ses deux années de pratique, exécuté 150 plombages à la satisfaction des officiers médicaux ou du chirurgien résidant.

4. On exigera de tout étudiant fréquentant l'hôpital que, pendant chacune de ses deux années de séjour, il traite mécaniquement deux cas au moins de restauration dentaire.

5. Aucun étudiant, dans quelque circonstance que ce soit, ne recevra de paiement ou de rémunération de n'importe quel malade de l'hôpital ou qu'il aura connu pendant la présence de ce malade à l'hôpital ; aucun étudiant de cet établissement ne fournira à un malade une pièce mécanique quelconque sous forme de dent artificielle.

6. Les étudiants devront être ponctuels dans leurs rapports avec les malades ; dans le cas contraire, les patients précédemment commis à leurs soins seraient confiés à d'autres étudiants par les officiers médicaux.

7. Aucun étudiant ne se servira du même fauteuil à opérations pour plusieurs malades consécutivement, tandis que d'autres étudiants seraient inoccupés faute de ce fauteuil.

8. Le comité médical pourra seul exempter de l'exécution complète des articles 1, 2 et 3 du règlement ; il s'inspirera des motifs qui lui paraîtront bons et propres à justifier cette faveur exceptionnelle.

9. Les permissions d'absence devront être demandées au doyen, auquel une note écrite devra être envoyée immédiatement en cas de maladie ou de toute autre cause inévitable.

N. B. On exigera des étudiants qu'ils suivent les cours et la clinique pendant les deux années *consécutivement*, excepté avec la permission spéciale écrite du doyen. Par décision du conseil du collège des chirurgiens, on exigera de tous les étudiants entrant le 1er octobre 1877 et après cette date, qu'ils complètent les deux années entières de clinique à l'hôpital.

A l'avenir, à la fin de la session d'hiver et de la session d'été, le doyen préparera un rapport sur l'assiduité, la conduite générale et les progrès de chaque étudiant, rapport qui sera expédié à son parent ou à son répondant. On gardera une copie de ces rapports, pour pouvoir s'y référer plus tard.

COLLÈGE ROYAL DES CHIRURGIENS D'ANGLETERRE

Les candidats au diplôme de dentiste du Collège royal des chirurgiens d'Angleterre, qui ont commencé leur éducation professionnelle le 1er octobre 1877 ou postérieurement, sont soumis, en ce qui concerne leur « Education et examens généraux préliminaires », au même règlement que les candidats aspirant au titre de membre du collège.

Règlement relatif au diplôme de chirurgien dentiste.

ÉDUCATION

Les candidats devront satisfaire aux conditions suivantes et produire des certificats à l'appui :

1. Être âgé de vingt et un ans.

2. Avoir passé quatre ans à acquérir les connaissances professionnelles.

3. Avoir assisté, dans une école ou dans des écoles reconnues par ce collège, à un, au moins, des cours suivants, faits par les professeurs reconnus par ce collège, savoir : — Anatomie, physiologie, chirurgie, chimie, médecine et matière médicale.

4. Avoir assisté à un second cours d'hiver sur l'anatomie ou à vingt leçons au moins sur l'anatomie de la tête et du cou, faites par des professeurs reconnus par ce Collège.

5. Avoir opéré des dissections à une école reconnue, pendant neuf mois au moins.

6. Avoir suivi jusqu'au bout un cours de manipulations chimiques, sous la direction d'un maître ou professeur reconnu par ce collège.

7. Avoir suivi, à un hôpital ou à des hôpitaux reconnus, du Royaume-Uni, la clinique chirurgicale et des leçons cliniques sur la chirurgie pendant les deux sessions d'hiver.

8. Avoir suivi, à une école reconnue, deux cours sur chacun des suivants, savoir : — L'anatomie et la physiologie dentaire (humaine et comparée), la chirurgie dentaire, la mécanique dentaire, et un cours sur la métallurgie, par des professeurs agréés par ce collège.

9. Avoir passé une période de trois ans au moins à se familiariser pratiquement avec les détails de la dentisterie mécanique, sous la direction d'un praticien compétent.

10. Avoir suivi, dans un hôpital dentaire agréé, ou dans la section dentaire d'un hôpital général reconnu, la pratique de la chirurgie dentaire pendant la période de deux ans.

N. B. — Les étudiants des écoles de Londres devront faire enregistrer les certificats ci-dessus à ce collège, en mars et en octobre; des attestations spéciales seront exigées des écoles provinciales.

Les CANDIDATS qui ont exercé la profession de dentiste ou qui ont commencé leur éducation professionnelle avant le mois de septembre 1859, date de la charte de l'école, et qui ne sont pas en mesure de produire les certificats exigés par les règlements précédents, fourniront au Comité des examinateurs :

UN CERTIFICAT DE CARACTÈRE MORAL ET PROFESSIONNEL, SIGNÉ PAR DEUX MEMBRES DE CE COLLÈGE.

En même temps, ces candidats devront répondre aux questions suivantes :

Nom. *Age.*

Adresse professionnelle.

Si le candidat a exercé la profession de dentiste, à quelle époque a-t-il commencé?

Était-il membre ou licencié d'un collège de médecins ou de chirurgiens du Royaume-Uni; et, s'il en est ainsi, de quel collège?

Avait-il pris des grades dans une université quelconque du Royaume-Uni? Et, s'il en est ainsi, de quelle université? Ces grades concernaient-ils les « arts » ou la médecine?

La date ou les dates des diplômes, licences ou grades de ce genre.

Était-il membre de quelque société savante ou scientifique? Et, s'il en est ainsi, de laquelle ou desquelles ?

Exerce-t-il une autre profession en même temps que sa profession de dentiste? S'il en est ainsi, quelle est cette profession?

A-t-il, depuis septembre 1859, publié des réclames en général ou des avis publics, relatifs à l'exercice de sa profession.

Le Comité des examinateurs décidera si les preuves de caractère et d'éducation produites par un candidat lui constituent des titres à subir l'examen.

N. B. Dans le cas où les candidats exercent ou ont fait leur éducation soit en Écosse, soit en Irlande, le certificat du caractère moral et professionnel peut être signé par deux licenciés du conseil royal des chirurgiens d'Édimbourg, ou de la Faculté de médecine et de chirurgie de Glascow, ou du collège royal des chirurgiens d'Irlande, selon les circonstances.

EXAMEN

L'examen comporte des épreuves écrites et des épreuves orales.

L'examen écrit comprend la physiologie et l'anatomie générales, ainsi que la chirurgie et la pathologie générales; on insistera surtout sur ce qui concerne la pratique de la profession de dentiste.

L'examen oral pratique embrasse les divers sujets compris dans le programme de l'éducation professionnelle et se fait à l'aide de préparations, moulages, dessins, etc.

Les membres du collège, c'est-à-dire ceux qui ont déjà passé leur examen dans l'examen écrit de chirurgie générale, n'auront à répondre qu'aux questions formulées par la section du Comité formée de personnes expertes en chirurgie dentaire; et, dans l'examen oral, il ne sera porté de question que par cette section.

Un candidat dont les réponses seront trouvées insuffisantes sera renvoyé à ses études et ne sera pas admis à subir un nouvel examen avant *une période de six mois*, à moins que le Comité n'en décide autrement.

Les examens auront lieu en janvier et en juin.

Les droits de diplôme sont de dix guinées, indépendammen de tous droits d'enregistrement à ajouter aux précédents.

Note. — *Un billet d'admission au Museum, à la Bibliothèque et aux conférences du collège sera présenté à chaque candidat quand il obtiendra le diplôme.*

Edward Trimmer, *secrétaire.*

En examinant le programme précédent on verra que les sujets qu'il embrasse sont de deux catégories : ceux communs à une éducation médicale générale et ceux concernant spécialement la chirurgie dentaire.

Les fondateurs de l'École de chirurgie dentaire de Londres ont reconnu qu'une école spéciale ne pouvait fournir à l'étudiant tous les avantages offerts par les écoles de médecine et les hôpitaux généraux déjà existants, pour l'enseignement des matières comprises dans une éducation médicale ordinaire. D'autre part, les ressources qu'une *école spéciale*, annexée à l'hôpital dentaire, fournit aux élèves pour l'étude des matières spéciales à la chirurgie dentaire, sont bien plus grandes que celles de toute institution *consacrée à l'enseignement général de la médecine.*

En conséquence, en constituant l'École de chirurgie dentaire de Londres, on n'y a institué que l'enseignement des sciences se rapportant spécialement à l'art du dentiste ; et l'école a été organisée en connexion avec l'hôpital dentaire de Londres, de telle sorte que l'instruction pratique des matières appartenant spécialement à la chirurgie dentaire pût être accompagnée d'un enseignement systématique, dans les conditions indiquées par le programme.

On verra que les conditions prescrites par les paragraphes 3, 4, 5, 6, 7, 8, 10 (qui comprennent la fréquentation des hôpitaux et des écoles, tant généraux que spéciaux) peuvent être remplies en deux ans, pourvu que l'on satisfasse à 1 et 9. L'étudiant peut, s'il lui plaît, reporter sa fréquentation des cours et des cliniques de l'hôpital sur les quatre années mentionnées au paragraphe 2, y compris les trois années de mécanique dentaire qui y sont mentionnées (9). Mais cela ne lui convient pas toujours, surtout s'il ne réside pas à Londres. Et une manière avantageuse de satisfaire à tous les paragraphes du programme est de faire (vers l'âge de dix-sept ans, si c'est possible) un apprentissage chez un dentiste praticien compétent. Les deux premières années peuvent alors être consacrées à l'étude, y compris celle de la mécanique dentaire ; pendant ces deux premières années également, l'apprenti se livrerait à une série systématique de lectures conformes aux exigences du programme ; il commencerait alors à fréquenter les hôpitaux et les écoles, et accomplirait sa troisième année de mécanique dentaire dans les intervalles entre les sessions d'hiver et d'été de l'hôpital.

Voici la liste des hôpitaux généraux où les aspirants au diplôme dentaire peuvent remplir leur programme d'études.

Middlesex hospital,
Charing-Cross hospital,
Guy's hospital,
St. Thomas's hospital.

Diplôme de membre du Collège royal des chirurgiens d'Angleterre, s'ajoutant au diplôme de dentiste.

Les étudiants en chirurgie dentaire qui désirent obtenir le diplôme de membre effectif (full member) du Collège des chirurgiens ou celui de membre associé (fellow) trouveront tous les renseignements dans le règlement suivant.

Toutefois, les études nécessaires exigent une grande dépense de temps et d'argent ; il faut quatre ans de présence aux cours et à la clinique de l'hôpital pour obtenir le diplôme de dentiste et celui de membre du collège des chirurgiens. Ci-dessous le règlement concernant le titre de membre du collège.

COLLÈGE ROYAL DES CHIRURGIENS D'ANGLETERRE

Règlement concernant l'éducation et l'examen des candidats au diplôme de membre de ce collège et de licencié en chirurgie dentaire.

SECTION I

ÉDUCATION GÉNÉRALE ET EXAMEN PRÉLIMINAIRE.

I. Les candidats qui ont commencé leur éducation professionnelle le 1er janvier 1861 ou postérieurement auront à produire l'un ou l'autre des certificats suivants :

1. Certificat gradué ès arts d'une université reconnue à cet effet.

Voici quelles sont les universités reconnues actuellement.

OXFORD ; CAMBRIDGE ; DUBLIN ; LONDRES ; DURHAM; QUEEN'S UNIVERSITY EN IRELAND ; EDINBURGH ; GLASCOW ; ABERDEEN ; et *Saint-Andrew's*.

CALCUTTA ; MADRAS ; et BOMBAY.

CANADA. — Mc Gill College, à Montréal, et Queen's College, à Kingston.

2. Certificat d'examen d'immatriculation, ou de tout autre examen qui, en tout cas, sera, de temps en temps, sanctionné par le conseil de ce collège, à une université du Royaume-Uni, ou dans une université coloniale ou étrangère, reconnue par le conseil de ce collège.

Voici les noms des examens reconnus à présent sous cette clause (n° 2) :

OXFORD. — *Responsions* ou *modérations*.

Examens de la classe moyenne, examen des anciens, les certificats comprenant le latin et les mathématiques.

CAMBRIDGE. — Examen préalable.

Examens de la classe moyenne, examen des anciens, les certificats comprenant le latin et les mathématiques.

OXFORD et CAMBRIDGE. — Bureau d'examen des écoles, les certificats comprenant les divers sujets exigés dans l'examen préliminaire du collège.

Examens locaux des commençants. Les certificats comprenant le latin et les mathématiques et un sujet à volonté, semblables à ceux compris dans la 2e partie du règlement.

DUBLIN. — Examen d'entrée.

LONDRES. — Examen d'immatriculation.

DURHAM. — Examen des étudiants ès-arts dans leur seconde et leur première années.

Examens de la classe moyenne, examen des anciens, les certificats jusques et y compris le latin et les mathématiques.

Examen d'enregistrement, pour les étudiants en médecine.

QUEEN'S UNIVERSITY EN IRELAND. — Cours « d'Arts » de deux ans, pour le diplôme de licencié ès arts.

Examens préliminaires au bout du cours inférieur. B. A. Bachelier ès arts.

Examens de la classe moyenne ; les certificats jusques et y compris le latin et les mathématiques.

Examens d'immatriculation.

EDINBURGH ; ABERDEEN ; GLASGOW et SAINT-ANDREW'S. — Examens préliminaires ou extra-professionnels pour obtenir les grades médicaux.

CALCUTTA ; MADRAS et BOMBAY. — Examen d'immatriculation.

CANADA. — *Queen's College*, de Kingston : examen d'immatriculation, examen préliminaire des étudiants en médecine ; *Mc Gill College*, de Montréal ; *Bishop's College*, de Montréal ; *University College*, Toronto ; Université de *Trinity College*, Toronto ; Université de Laval ; Québec, examen d'immatriculation.

NOUVELLE-ÉCOSSE. — *King's College*, Windsor : examens d'immatriculation, *responsions*. New Brunswick ; Fredericton : examen d'immatriculation. Collège et université de Dalhousie, Halifax : examen d'immatriculation.

AUSTRALIE. — Melbourne : examen d'immatriculation, avec un certificat constatant que l'étudiant a subi un examen en latin. Sydney : examen d'immatriculation. Adélaïde ; *South australian Institute*.

UNIVERSITÉ DU CAP DE BONNE-ESPÉRANCE. — Examen d'immatriculation.

NEW-YORK. — *Bellevue hospital medical college* : examen d'immatriculation.

3. Certificat d'examen préliminaire de membre associé de ce collège.

4. Certificat d'examens préliminaires des Collèges royaux de chirurgiens d'Irlande et d'Édimbourg, ou de la Faculté de médecins et de chirurgiens de Glascow.

5. Certificat d'examen des « Arts » de la société d'apothicaires de Londres ou de la « *Apothecaries' hall* » d'Irlande.

6. Certificat de l'examen de première classe du collège de précepteurs.

7. Certificat *testamur* du *Codrington College*, des Barbades.

8. Diplôme d'associé ès arts (*associate of arts*) accordé par le conseil d'éducation de Tasmanie, avec un certificat constatant que l'étudiant a été examiné en latin et en mathématiques.

9. Certificat d'examen volontaire du *Christ's College*, de Canterbury, Nouvelle-Zélande ; le certificat comprendra tous les sujets exigés de temps en temps dans l'examen préliminaire du collège.

II. Les candidats qui ne pourront produire aucun des certificats précédents seront priés de passer un examen sur l'anglais, les classiques et les mathématiques ; les examinateurs appartiendront au bureau des examinateurs du collège des précepteurs ; sous la direction et la surveillance des membres du collège des chirurgiens.

Ci-dessous les sujets d'examen, auxquels il est fait allusion dans le paragraphe précédent ; ces sujets, prescrits pour décembre 1874, continueront à servir de base aux examens, jusqu'à avis contraire.

Ire Partie. — SUJETS IMPOSÉS.

1. Écrire sous la dictée.
2. Grammaire anglaise.
3. Écrire une courte composition en anglais ; par exemple, décrire un site, traiter de quelque produit naturel, de quelque objet usuel, etc.
4. Arithmétique. On n'admettra aucun candidat ne possédant pas les quatre opérations fondamentales, simples et composées, les fractions ordinaires et les fractions décimales.
5. Questions sur la géographie de l'Europe et particulièrement des Iles-Britanniques.
6. Questions sur les principaux faits de l'histoire anglaise, c'est-à-dire la succession des souverains et les événements marquants de chaque règne.
7. Mathématiques, Euclide, livre I et II ou les sujets traités dans ces deux livres ; algèbre, jusqu'aux équations simples inclusivement.
8. Traduction d'un passage du second livre des commentaires de César *de Bello gallico*.

IIe Partie. — SUJETS FACULTATIFS.

Composition écrite sur les six sujets suivants. Chaque candidat devra subir un examen sur un sujet au moins, à son choix ; mais aucun candidat ne pourra demander à être examiné sur plus de quatre sujets.

1. Traduction d'un passage du premier livre de l'*Anabase* de Xénophon.
2. « « « de *Picciola* de B. Saintine.
3. « « « du *Guillaume Tell* de Schiller.

Indépendamment de ces traductions en anglais, on demandera au candidat de répondre à des questions sur la grammaire de chaque sujet, imposé ou choisi.

4. Mécanique. Les questions seront surtout d'un caractère élémentaire.

5. Chimie. Les questions concerneront les faits élémentaires de la chimie.

6. Botanique et zoologie. Les questions rouleront sur la classification des plantes et des animaux.

On tiendra compte de la qualité de l'écriture et de l'orthographe.

N. B. — Tout candidat (*qui n'a pas payé les droits d'un précédent examen*) est prié de payer une somme de 2 livres sterlings, le matin du premier jour de l'examen, avant d'être admis à se présenter. Le prochain examen aura lieu en décembre. Les dates exactes de l'examen seront annoncées dans les journaux, quand elles auront été fixées. Les candidats sont invités à adresser leurs demandes, dans la forme prescrite trois semaines au moins avant le commencement de l'examen.

Nota. — Tout candidat, désirant obtenir le titre de membre associé, est tenu de passer l'examen de grec et de français ou d'allemand, ainsi que de l'un, à son choix, des sujets de la IIe partie, indépendamment des sujets inclus dans la Ie partie.

SECTION II

ÉDUCATION PROFESSIONNELLE

I. Ne sont pas reconnues les études professionnelles antérieures à la date à laquelle le candidat aura passé un examen de connaissances générales, conformément au règlement de la section précédente.

II. Ce qui suit sera considéré comme le commencement de l'éducation professionnelle :

1. Assister à la clinique d'un hôpital ou d'une autre institution publique reconnue par le Collège des chirurgiens à cet effet.

2. Être élève d'un chirurgien bien et dûment qualifié, par exemple d'un chirurgien à un hôpital, à un dispensaire général ou à un « Workhouse » de l'Union, ou de tout établissement offrant des ressources d'éducation pratique qui paraîtront satisfaisantes au conseil.

3. Fréquentation de cours d'anatomie, de physiologie ou de chimie, faits par des professeurs reconnus par le Collège des chirurgiens.

Le commencement des études professionnelles autrement que

par la fréquentation de cours dans des écoles de médecine reconnues, ou de cliniques d'hôpitaux reconnus, ne sera pas admis à moins qu'il n'en soit fourni un certificat au secrétaire, pour être enregistré au Collège, par le praticien dont le candidat doit devenir l'élève ou par le surintendant médical de l'hôpital ou autre institution à la clinique de laquelle il aura été admis, et par conséquent ne datera que de la réception de tels certificats par le secrétaire ; le certificat devra être accompagné de la preuve que l'on a passé l'examen préliminaire qui est nécessaire et qui roule sur les connaissances générales.

III. Les candidats seront tenus de présenter les certificats relatifs aux points suivants.

1. Être âgé de vingt et un ans.

2. Avoir, postérieurement à la date à laquelle on aura subi l'examen préliminaire, passé quatre ans ou une période ne comprenant pas moins de quatre sessions d'hiver et quatre sessions d'été à acquérir des connaissances professionnelles.

3. Avoir suivi des cours d'anatomie, pendant deux sessions d'hiver.

4. Avoir opéré des dissections, pendant deux sessions d'hiver au moins.

5. Avoir suivi des cours de physiologie et d'anatomie générales pendant une session d'hiver.

6. Avoir suivi, pendant une autre session d'hiver ou d'été, un cours pratique de physiologie et d'anatomie générales, ne comprenant pas moins de trente leçons.

Note A. — En mentionnant le cours pratique signalé par la clause 6, on entend que les élèves eux-mêmes feront individuellement les manipulations, expériences nécessaires, etc. ; mais on ne veut pas dire que les élèves feront des vivisections.

7. Avoir suivi un cours de chirurgie pendant une session d'hiver.

8. Avoir suivi un cours de chirurgie pratique pendant une période qui ne sera pas inférieure à six mois, avant ou après le cours exigé par la clause 7 précédente.

Note B. — Le cours de chirurgie pratique mentionné dans la clause 8 comprend l'enseignement dont les détails pratiques feront l'objet des exercices de l'élève. Ces détails pratiques sont :

L'application des faits anatomiques à la chirurgie sur le vivant ou sur le cadavre ;

Les méthodes à suivre et les manipulations nécessaires pour

découvrir les effets des maladies et des accidents sur la personne vivante ou sur le cadavre;

L'exécution des opérations chirurgicales sur le cadavre, quand elle est praticable;

L'emploi des appareils chirurgicaux;

L'examen des structures morbides, comme elles sont représentées dans les musées.

9. Avoir suivi un cours sur chacun des sujets suivants :

Chimie,

Matière médicale,

Médecine,

Médecine légale,

Accouchement (avec instruction pratique et certificat attestant que l'on n'a pas fait personnellement moins de dix accouchements).

Anatomie pathologique pendant trois mois au moins.

Note C. — Le cours de chimie mentionné dans la clause 9 ne sera pas exigé quand le candidat aura répondu, d'une façon satisfaisante, sur ce sujet, dans son examen préliminaire.

10. Avoir étudié la pharmacie pratique pendant trois mois.

11. Avoir suivi pendant trois mois un cours de chimie pratique (avec manipulations) et appliquée aux études médicales.

12. Instruction avancée en ce qui concerne la pratique de la vaccination.

Note D. — Pour les candidats qui ont commencé leur éducation professionnelle le 1er octobre 1868 ou après cette date, on n'admettra que les certificats d'instruction en vaccination provenant soit de stations de vaccination reconnues, soit de divisions spéciales d'écoles de médecine ou d'hôpitaux ou d'autres institutions publiques où le maître de vaccination en fonction n'est pas sujet à changer fréquemment et où le nombre de cas (huit ou dix en moyenne, par semaine) sera jugé, après enquête convenable, suffisant pour que l'on puisse étudier facilement.

Note E. — Les certificats de présence aux divers cours doivent attester que le candidat a suivi, dans chaque cours, les instructions et les examens pratiques de son professeur.

13. Avoir suivi, à un hôpital ou à des hôpitaux reconnus, la clinique chirurgicale, pendant trois sessions d'hiver et deux semestres d'été.

⁂ La session d'hiver comprend une période de six mois; en Angleterre, elle commence le 1er octobre et se termine le 31 mars.

La session d'été comprend une période de trois mois. En Angleterre, elle commence le 1er mai et se termine le 31 juillet.

14. Avoir, au moins deux fois par semaine, observé et examiné les malades, à un hôpital ou à des hôpitaux reconnus, sous la direction d'un professeur qualifié, pendant trois mois au moins.

Note F. — On désire que les candidats reçoivent, dès le début de leur fréquentation d'un hôpital, l'enseignement exigé par la clause 14.

15. Avoir, après le premier semestre d'hiver de présence à la clinique d'un hôpital chirurgical, suivi, à un hôpital ou à des hôpitaux agréés, les cours cliniques de chirurgie, pendant deux semestres d'hiver et deux trimestres d'été.

16. Avoir été chef de travaux pratiques, à un hôpital qualifié, ou, après une année d'éducation professionnelle, avoir soigné des malades, sous la direction d'un chirurgien, pendant six mois au moins, à un hôpital, un dispensaire général, à une infirmerie paroissiale ou de l'Union, agréée à cet effet, ou de toute autre manière qui, à l'avis du conseil, permette suffisamment d'acquérir la chirurgie pratique.

17. Avoir, pendant toute la période de fréquentation d'une clinique d'hôpital chirurgical (voir la clause 13), suivi des démonstrations dans les amphithéâtres de dissection d'un hôpital agréé.

18. Avoir, à un hôpital ou à des hôpitaux agréés, assisté à la pratique de la médecine et à des leçons cliniques sur la médecine, pendant un semestre d'hiver et un trimestre d'été.

Nota. — Les clauses 6, 8, 11, 14 et 17, les notes A, B, C, E et F, ainsi que les cours de médecine légale et d'anatomie pathologique mentionnés à la clause 9, sont applicables aux candidats qui ont commencé leur éducation professionnelle, le 1er octobre 1870 ou après cette date.

N. B. — On peut se procurer des modèles en blanc des certificats exigés, en s'adressant au secrétaire; et tous les certificats nécessaires seront conservés au Collège.

SECTION III

I. Lorsque des certificats concernant plusieurs sciences différentes et venant d'un seul et même professeur seront présentés par un candidat, un seul de ces certificats pourra être admis; toutefois l'anatomie et les dissections seront considérées comme une seule science.

II. Les certificats provenant de n'importe quel hôpital du Royaume-Uni ne seront pas reconnus si les chirurgiens de ces hôpitaux ne sont pas membres de l'un des collèges, légalement constitués, de chirurgiens du Royaume-Uni ; on n'admettra pas davantage les certificats provenant de quelque école que ce soit, d'anatomie et de physiologie ou d'obstétrique, si les professeurs de ces écoles ne sont pas membres d'un collège, légalement constitué, de médecins ou de chirurgiens du Royaume-Uni. De même pour les écoles de chirurgie, si les professeurs de ces écoles ne sont pas membres des collèges, légalement constitués, de chirurgiens du Royaume-Uni.

III. Le Collège des chirurgiens n'agréera aucun hôpital métropolitain contenant moins de 150 malades ; ni aucun hôpital provincial ou colonial contenant moins de 100 malades.

IV. La reconnaissance des hôpitaux et écoles coloniaux est gouvernée, en ce qui concerne le nombre de malades et les cours, par les mêmes règlements que ceux applicables à la reconnaissance des hôpitaux provinciaux et des écoles provinciales en Angleterre.

V. Les certificats de fréquentation de la clinique d'un hôpital provincial ou colonial reconnu, mais non rattaché à une école médicale reconnue, ou trop éloigné d'une école de ce genre, ne seront pas reçus pour plus d'un semestre d'hiver et d'un trimestre d'été de la fréquentation d'hôpital exigée par le règlement du Collège des chirurgiens ; et dans les cas de ce genre, les leçons cliniques ne seront pas nécessaires, mais on exigera un certificat constatant que le candidat a été chef de travaux pendant une période de six mois au moins.

VI. On n'admettra les certificats de candidats ayant étudié à Londres, que si, quinze jours après l'ouverture des cours, ces candidats ont fait enregistrer leurs cartes permettant de suivre les cours et la clinique de l'hôpital. On ne recevra de certificats de candidats ayant étudié dans les écoles provinciales d'Angleterre, que siles noms de ces élèves sont bien et dûment certifiés par leurs écoles respectives.

N. B. — On demandera aux candidats de produire, avant de se faire inscrire en octobre, un certificat constatant qu'ils ont subi l'un quelconque des examens préliminaires sur les connaissances générales, reconnus par ce Collège.

VII. Les candidats qui auront fait toutes leurs études en Ecosse ou en Irlande seront admis à l'examen, sur la produc-

4

tion des divers certificats exigés respectivement par le collège des chirurgiens d'Edimbourg, la faculté de médecine et de chirurgie de Glascow et le Collège des chirurgiens d'Irlande ; à ces certificats que ces divers établissements exigent des candidats à leur diplôme, les candidats désignés ci-dessus devront joindre un certificat d'instruction et d'habileté dans la pratique de la vaccination ; ils devront en outre prouver, d'une manière satisfaisante, que postérieurement à la date à laquelle ils ont subi leur examen préliminaire, ils ont passé au moins quatre ans, ou une période embrassant quatre semestres d'hiver et quatre trimestres d'été, à acquérir les connaissances professionnelles. Quant aux candidats qui auront fait toutes leurs études à des universités coloniales ou étrangères reconnues, ils seront admis sur la production des divers certificats exigés pour leurs grades par les autorités de ces universités ; ils devront également présenter un certificat d'instruction et d'habileté dans la pratique de la vaccination, et prouver d'une manière satisfaisante que, postérieurement à la date à laquelle ils ont subi l'examen préliminaire, ils ont passé au moins quatre ans ou une période embrassant quatre semestres d'hiver et un trimestre d'été à acquérir les connaissances professionnelles.

VIII. Les membres ou licenciés de tout collège de chirurgiens du Royaume-Uni et les gradués en chirurgie de toute université reconnue à cet effet par le collège des Chirurgiens seront admis à l'examen en produisant leur diplôme, licence ou degré, en même temps que la preuve de leur âge (vingt et un ans), un certificat d'instruction et d'habileté dans la pratique de la vaccination et la preuve suffisante qu'ils ont passé au moins quatre ans ou une période embrassant quatre semestres d'hiver et quatre trimestres d'été à acquérir les connaissances professionnelles.

IX. Les gradués en médecine de tout collège ou de toute université légalement constitués et reconnus à cet effet par ce Collège seront admis à l'examen, en fournissant, en même temps que leur diplôme ou grade, la preuve qu'ils sont âgés de vingt et un ans, un certificat d'instruction et d'habileté dans la pratique de la médecine et une preuve suffisante qu'ils ont passé au moins quatre ans, postérieurement à la date à laquelle ils ont subi leur examen préliminaire, ou une période embrassant quatres semestres d'hiver et quatre trimestres d'été, à acquérir les connaissances professionnelles.

SECTION IV

EXAMEN PROFESSIONNEL.

Cet examen est divisé en deux parties.

1. Le premier examen, sur l'anatomie et la physiologie, est en partie écrit et en partie démonstratif sur le sujet récemment disséqué et sur des parties préparées du corps humain.

2. Le second examen, sur la chirurgie anatomique ainsi que sur les principes et la pratique de la chirurgie et de la médecine, est en partie écrit, en partie oral, et en partie sur l'usage pratique des appareils de chirurgie et l'observation pratique des malades.

⁂ Les candidats peuvent demander à être exemptés de l'examen en médecine, aux conditions suivantes :

I. Le candidat produira un grade, diplôme ou licence en médecine, l'autorisant à se faire inscrire au nombre des médecins en vertu de l'acte médical de 1858, ou un grade, diplôme ou licence en médecine d'une université coloniale ou étrangère approuvée par le conseil de ce Collège.

II. Le candidat, avant d'être admis à l'examen final pour acquérir le titre de membre effectif (*Membership*) ou associé (*Fellowship*), déclarera qu'il a l'intention d'obtenir une des qualifications médicales mentionnées au paragraphe précédent. Dans ce cas, le diplôme du Collège ne lui sera pas délivré, avant qu'il n'ait produit soit ledit diplôme médical, soit la preuve qu'il a passé les divers examens l'autorisant à le recevoir.

3. Les premiers examens ont lieu pendant les mois de janvier, avril, mai, juillet et novembre, et les seconds examens; en général, dans la semaine suivante de ces mêmes mois.

4. Les candidats ne seront pas admis à l'examen primaire avant d'avoir terminé le second semestre d'hiver de leur fréquentation à une école ou à des écoles reconnues ; ils ne seront pas admis au second examen ni à l'examen chirurgical avant d'avoir terminé la quatrième année de leur éducation professionnelle.

5. Les honoraires de cinq guinées, payés avant le premier examen et imputés sur les droits entiers de trente-deux livres (1)

(1) Cette somme de trente-deux livres ne comprend pas le droit des deux livres payé pour l'examen préliminaire.

payables pour le diplôme sont retenus. Après deux échecs consécutifs au premier examen, le candidat est requis de payer un droit *additionnel* de cinq guinées, avant d'être de nouveau admis à cet examen ; ce versement additionnel est retenu aussi.

6. Les cinq guinées, partie de la somme de seize livres quinze shellings, montant de tous les droits dus pour le diplôme et payés avant le second examen, sont retenus. Après deux échecs consécutifs au second examen, le candidat est tenu de payer un droit *additionel* de cinq guinées pour être de nouveau admis audit second examen; ce versement additionnel est également retenu.

7. Un candidat qui se sera fait inscrire soit pour le premier examen, soit pour le second et qui aura négligé de se rendre à la réunion du tribunal des professeurs pour laquelle il aura reçu une carte ne sera pas admis à se présenter à l'examen dans la période de trois mois à partir de la date à laquelle il aura ainsi fait défaut.

8. Un candidat refusé au premier examen est tenu, avant d'être admis à se représenter, de produire un certificat constatant qu'il a disséqué pendant au moins trois mois depuis la date de son échec.

9. Un candidat refusé au second examen est tenu, avant d'être admis à subir un nouvel examen, de produire un certificat constatant que, pendant dix mois au moins, il a fréquenté la clinique chirurgicale d'un hôpital reconnu en même temps qu'il a suivi des leçons sur la chirurgie clinique, postérieurement à la date de son échec.

Édouard TRIMMER, secrétaire.

On verra que les cours d'anatomie, de physiologie, de chirurgie, de médecine, de matière médicale, de chimie et de chimie pratique suivis par l'étudiant dentiste suffisent aussi pour le diplôme de chirurgien. Les cours additionnels sont :

Un cours de trente leçons sur la physiologie et l'anatomie pratique ;

Un cours de trois mois sur l'anatomie pathologique ;

Un cours de médecine légale ;

Un cours d'obstétrique, avec instruction pratique;

Six mois de chirurgie pratique ;

Trois mois de médecine pratique ;

Au lieu de deux semestres d'hiver de pratique chirurgicale, on exige trois semestres d'hiver et deux trimestres d'été ; on exige aussi un semestre d'hiver et un trimestre d'été de pratique médicale. Au lieu de neuf mois de dissection, deux semestres d'hiver sont nécessaires ; on exige également six mois de fonctions de chef de travaux avec un ou deux objets faciles à traiter.

Ci-dessous le règlement concernant le diplôme de membre associé.

COLLÈGE ROYAL DES CHIRURGIENS D'ANGLETERRE

Règlement relatif à l'éducation et à l'examen des candidats au diplôme de membre associé.

SECTION I

EXAMEN PRÉLIMINAIRE.

I. Les candidats seront tenus de produire l'un des certificats du *testamur* suivants :

1. Diplôme de gradué ès arts d'une université reconnue à cet effet.

Les universités reconnues actuellement sont :

Oxford ; Cambridge ; Dublin ; Londres ; Durham ; Queen's University en Irlande ; Edinburg ; Glasgow ; Aberdeen et St. Andrew's.

Calcutta ; Madras et Bombay.

Canada. — *M'Gill's College*, Montreal ; et *Queen's College*, Kingston.

2. Avoir passé les examens ès arts, tels qu'ils seront exigés à tel ou tel moment, pour obtenir les grades de médecine, par une université reconnue à cet effet.

Les universités actuellement reconnues sont :

Oxford ; Cambridge ; Dublin ; Londres et Durham.

N. B. — Dans le cas de l'université de Londres, le certificat constatant que le candidat a passé l'examen d'immatriculation doit prouver que le candidat a été interrogé sur le grec et le français ou l'allemand, indépendamment des divers sujets obligatoires compris dans l'examen.

II. Les candidats qui ne pourront produire aucun des certificats précédents seront tenus de passer un examen sur l'anglais, les classiques et les mathématiques ; le bureau des examinateurs du collège royal des précepteurs leur fera subir cet examen sous la direction et la surveillance du conseil du collège.

Voici les sujets d'examen auxquels il est fait allusion dans le paragraphe précédent, pour l'année 1874 :

Ire Partie — SUJETS OBLIGATOIRES.

1. Écrire sous la dictée.
2. Grammaire anglaise.
3. Écrire une courte composition anglaise ; par exemple décrire un site, traiter de quelque objet usuel ou de quelque produit naturel, etc.
4. Arithmétique. On n'admettra aucun candidat ne possédant pas à fond les quatre opérations fondamentales, simples et composées, les fractions ordinaires et les fractions décimales.
5. Questions sur la géographie de l'Europe et particulièrement des Iles Britanniques.
6. Questions sur les faits principaux de l'histoire anglaise, c'est-à-dire sur la succession des souverains et les événements marquants de chaque règne.
7. Mathématiques. Euclide, livres I et II ou les matières comprises dans ces deux livres. Algèbre jusqu'aux équations du premier degré inclusivement.
8. Traduction d'un passage du second livre des Commentaires de César : *De Bello gallico.*
9. Traduction d'un passage du premier livre de l'*Anabase* de Xénophon.
10. Traduction d'un passage de *Picciola* de X.-B. Saintine ; ou, au choix du candidat, traduction d'un passage du *Guillaume Tell* de Schiller.

IIe PARTIE — SUJETS FACULTATIFS.

On fera aussi des compositions sur les sujets suivants, et chaque candidat sera tenu de se faire examiner sur un sujet à son choix.

1. Traduction d'un passage de français ou d'allemand, selon le cas ; le passage sera emprunté aux ouvrages mentionnés plus haut.

Indépendamment de ces traductions en anglais, le candidat sera tenu de répondre à des questions sur la grammaire de chaque sujet, imposé ou choisi.

2. Mécanique. Les questions auront un caractère éminemment élémentaire.

3. Chimie. Les questions rouleront sur les faits élémentaires de la chimie.

4. Botanique et Zoologie. Les questions rouleront sur la classification des plantes et des animaux.

On tiendra compte de la qualité de l'écriture et de l'orthographe.

N. B. — Chaque candidat (qui n'a pas encore effectué les versements exigés) est requis de payer un droit de 2 livres sterling, le matin du premier jour de l'examen, avant d'être admis à cet examen. Les examens auront lieu en juin et en décembre ; leurs dates, quand elles seront fixées, seront publiées par la voie des journaux. Les candidats sont tenus de faire leur demande, dans les formes prescrites, trois semaines au moins avant le commencement de l'examen.

Nota. — Les candidats qui ont passé, avant le 1er janvier 1870, un examen reconnu équivalent à l'examen préliminaire pour le diplôme de membre, seront tenus, pour obtenir le titre de membre associé, de se faire examiner sur l'algèbre, le grec, le français ou l'allemand ; l'examen sera conforme à celui indiqué dans la partie I ; il portera également sur l'un des quatre sujets compris dans la partie II de l'examen précédent, au choix du candidat. Les candidats qui ont passé, postérieurement au 1er janvier 1870, un examen équivalent à celui exigé des candidats au diplôme de membre effectif, seront examinés sur tous les sujets précédents, sauf l'algèbre, si le certificat contient la preuve que cette matière était comprise dans l'examen mentionné en premier lieu.

Note spéciale. — Dans le cas de candidats nés dans l'Inde, les certificats constatant qu'ils ont passé les examens d'immatriculation des universités de Calcutta, Madras et Bombay, seront reconnus comme équivalents à l'examen préliminaire précédent, pourvu que ces certificats prouvent qu'indépendamment des sujets obligatoires de cet examen, le candidat a été examiné en latin, et, pour remplacer le grec, en une des langues orientales comprises dans les listes de matières publiées, de temps à autre, par les universités respectives.

SECTION II

ÉDUCATION PROFESSIONNELLE.

I. Excepté dans les cas et circonstances où le contraire sera spécifié ci-dessous, tout candidat désirant être admis au premier examen ou examen d'anatomie et de physiologie pour obtenir le titre de membre associé est tenu de fournir des certificats constatant :

1. Qu'il a passé l'examen préliminaire indiqué par le conseil, ou tout autre examen que le conseil peut déterminer de temps en temps comme équivalent à ce dernier.
2. Qu'il a étudié la pharmacie pratique, pendant trois mois ;
3. Qu'il a suivi des cours d'anatomie, pendant les deux semestres d'hiver, d'une école ou d'écoles reconnues ;
4. Qu'il a opéré des dissection à une école ou à des écoles reconnues, pendant trois semestres d'hiver ;
5. Qu'il a suivi des cours d'anatomie générale et de physiologie, pendant un semestre d'hiver, à une école reconnue ;
6. Qu'il a suivi un cours pratique d'anatomie génerale et de physiologie, pendant un autre semestre d'hiver ou d'été, ce cours pratique ayant eu lieu à une école reconnue et n'ayant pas compris moins de trente séances.

Note. — En mentionnant le cours pratique signalé par la classe 6, on entend que les élèves eux-mêmes s'exerceront individuellement aux expériences, manipulations nécessaires, etc. ; mais on ne veut pas dire que les élèves feront des vivisections.

7. Certificat constatant que le candidat a suivi un cours d'anatomie comparée, un cours de chimie et un cours de trois

mois de chimie pratique (avec manipulations), dans ses applications aux études médicales, à une école ou à des écoles reconnues.

Note. — Le cours de chirurgie pratique mentionné à la clause 4 comprend l'enseignement relatif aux détails sur lesquels chaque élève sera exercé pratiquement, tels que :

L'application des faits anatomiques à la chirurgie sur le vivant ou sur le cadavre;

Les méthodes à suivre et les manipulations nécessaires pour découvrir l'effet des maladies et des accidents sur le vivant ou sur le cadavre;

L'emploi des instruments de chirurgie ;

L'examen des tissus morbides, à l'aide des pièces d'un musée d'anatomie pathologique ou autrement.

Certificat constatant que le candidat a suivi à une école ou à plusieurs écoles reconnues,

Des cours sur chacune des matières suivantes :

Matière médicale,

Médecine,

Médecine légale.

Obstétrique (avec enseignement pratique, et un certificat constatant que le candidat a effectué personnellement dix accouchements au moins).

Anatomie pathologique pendant trois mois au moins.

Note. — Les certificats de fréquentation des divers cours doivent contenir la preuve que l'étudiant a suivi l'enseignement pratique et les examens de son professeur dans chaque cours.

8. Certificat constatant que le candidat a exécuté des opérations sur le cadavre, sous la surveillance d'un professeur reconnu.

9. Certificat constatant que le candidat a étudié la pratique de la vaccination et qu'il y est habile.

Note. — Dans le cas où des candidats ayant commencé leur éducation professionnelle le 1er octobre 1868 ou postérieurement à cette date, le certificat d'études pratiques en vaccination ne sera reçu que s'il vient de stations de vaccine reconnues, ou de divisions de vaccine reconnues, appartenant à des écoles de médecine, ou à des hôpitaux, ou à d'autres institutions publiques où le professeur de vaccination en fonctions n'est pas susceptible de changer fréquemment, où, après enquête convenable, on a reconnu qu'il existe d'amples moyens d'étude, c'est-à-dire où l'on traite un nombre de cas suffisant à cet égard (huit ou dix au moins par semaine).

10. Certificat constatant que le candidat a suivi la clinique chirurgicale d'un hôpital ou d'hôpitaux reconnus, pendant quatre trimestres d'hiver et quatre trimestres d'été, et la clinique médicale d'un hôpital ou d'hôpitaux reconnus, pendant un trimestre d'hiver et un trimestre d'été.

11. Qu'il a, deux fois au moins par semaine, suivi l'observation et l'examen des malades, à un hôpital ou à des hôpitaux reconnus, sous la direction d'un maître reconnu, pendant trois mois au moins.

Note. — Il est entendu que les candidats recevront, dès le début de leur fréquentation de l'hôpital, l'enseignement exigé par la clause 9.

12. Certificat constatant que le candidat a suivi des cours cliniques de chirurgie, pendant deux semestres d'été, et des cours cliniques sur la médecine, pendant un semestre d'hiver, à un hôpital ou à plusieurs hôpitaux reconnus.

13. Qu'il a suivi, pendant trois semestres d'hiver et deux trimestres d'été, des démonstrations dans les salles de dissection d'un hôpital reconnu.

14. Qu'il a rempli les fonctions de chirurgien ou de chef des travaux, pendant six mois au moins, dans un hôpital reconnu.

Note. — Des changements dans les règlements, qui sont applicables aux candidats ayant commencé leurs études professionnelles le 1er octobre 1870 ou postérieurement à cette date, sont contenus dans les clauses 3, 5 et 6, paragraphe I; dans les clauses 3, 4, 5, 9, 10 et 11, paragraphe II; et dans les notes A, B, C, D, E et G, paragraphes I et II de la section II.

II. Dans le cas d'un candidat qui aurait obtenu par examen le diplôme de bachelier ou de maître ès arts d'une université du Royaume-Uni reconnue à cet effet par le Conseil, il suffira à ce candidat de produire un certificat ou des certificats constatant qu'il a passé cinq ans (au lieu de six) à acquérir les connaissances professionnelles dans des hôpitaux ou des écoles d'anatomie, de chirurgie et de médecine reconnues à cet effet pour le Conseil du Collège.

III. Tout membre du Collège, après l'expiration de huit années à partir de la date de son diplôme, aura le droit d'être admis à l'examen professionnel de membre associé, en produisant un certificat, signé par trois membres associés, et constatant que pendant huit ans il a pratiqué la profession de chirurgien, et qu'il est digne d'être admis parmi les membres associés, en ce qui concerne son honorabilité, si les examens qu'il aura à subir le permettent.

SECTION III

EXAMENS PROFESSIONNELS.

1. Les examens ont lieu deux fois par an, aux mois de mai et de novembre, et autant d'autres fois qu'il plait au conseil de le décider.

2. Les examens ne prennent pas moins de deux jours soit successivement soit à des intervalles réglés par le tribunal des examinateurs.

3. Le premier examen, sur l'anatomie et la physiologie, est en partie écrit et en partie oral; il se fait sur le sujet récemment dissequé et sur des parties préparées du corps humain; le second examen, sur la pathologie, la thérapeutique et les principes ainsi que la pratique de la chirurgie et de la médecine, est en partie écrit, en partie oral; il roule en partie sur l'usage pratique des appareils de chirurgie et comprend l'examen de malades ainsi que des opérations sur le cadavre.

⁂ Les candidats peuvent être dispensés de l'examen de médecine, aux conditions suivantes :

I. Produire un grade, diplôme ou licence en médecine, autorisant le candidat à se faire inscrire comme membre du corps médical, en vertu de l'Act médical de 1858, ou un grade, diplôme ou licence en médecine d'une université coloniale ou étrangère approuvée par le conseil de ce collège.

II. Déclarer, avant d'être admis au dernier examen pour le titre de membre associé, que l'on a l'intention d'obtenir l'un des titres médicaux mentionnés au paragraphe précédent, auquel cas le diplôme du collège ne sera délivré au candidat que quand il produira l'un de ces titres ou la preuve qu'il a passé l'un des divers examens le lui conférant.

N. B. — Un candidat ayant passé un examen de médecine pour être membre effectif, n'aura pas à passer d'autre examen de médecine pour être membre associé.

4. Avant d'être admis au premier examen, à l'examen d'anatomie et de physiologie, le candidat est tenu de payer

a. Un droit de cinq guinées, qui sera déduit de droit pour le diplôme de membre associé, mais qui sera retenu en cas d'échec (1).

5. Avant d'être admis au second examen professionnel, le candidat est tenu de payer :

*a**. Un droit de cinq guinées (s'il est membre effectif) en plus de tous les droits d'enregistrement, qui seront retenues en cas d'insuccès.

*b** Un droit de vingt-cinq guinées (si le candidat n'est pas membre effectif) en plus de tous les droits d'enregistrement non compris le timbre; cinq guinées seront retenues en cas d'échec.

6. Un candidat dont les connaissances paraîtront insuffisantes, à l'examen d'anatomie et de physiologie, sera refusé; et il ne sera admis à se représenter qu'après l'expiration de six mois à partir de la date de son refus.

7. Un candidal dont les connaissances paraîtront insuffisantes, à l'examen de pathologie et de chirurgie, sera refusé; et il ne sera admis à se représenter qu'après le délai d'un an à partir de la date de son refus, à moins que le tribunal des examinateurs n'en décide autrement.

ÆDWARD TRIMMER, secrétaire.

On verra que trois semestres de dissection (en hiver), quatre semestres de pratique chirurgicale (en hiver) et quatre trimestres de cette même pratique (été) sont exigés pour le titre de membre effectif, au lieu de deux sessions de dissections et trois semestres d'hiver de pratique chirurgicale avec deux trimestres d'été de pratique chirurgicale également. On a ajouté un cours d'anatomie comparée.

Beaucoup de personnes possédant le diplôme de dentiste sont aussi membres du Collége des chirurgiens; celles qui en ont le temps et qui désirent acquérir les grades médicaux les plus élevés feront bien de chercher à obtenir le titre de membre associé. Une fois le programme accompli, un peu de pratique privée, celle par exemple que l'on peut faire à titre d'aide et d'opérateur, est parfaitement compatible avec les études nécessaires; ou bien, si la place de chirurgien résidant était vacante, elle pourrait être occupée avec grand avantage. De telles fonctions donnent de l'expérience et la confiance en soi-même; c'est une position de grande valeur, relativement à la carrière à venir.

Comme on ne peut pas obtenir le diplôme de membre associé,

(1) La somme de deux livres sterling, payée à l'examen préliminaire, sera remboursée, quand on effectuera ces versements.

avant l'âge de trente-deux ans, le candidat peut, par conséquent, ou bien continuer son éducation classique jusqu'à dix-neuf ans ou bien commencer ses études médicales à dix-sept ans et occuper ses deux années, de vingt-trois à vingt-cinq ans, selon les indications données plus haut; la manière de satisfaire au programme lui est abandonnée; mais il n'aura pas grande difficulté à faire ses plans, en consultant l'esquisse précédente.

Après avoir donné le mode d'organisation de l'Hôpital et de l'École dentaires de Londres, il convient d'examiner le fonctionnement de l'Hôpital. Comme tous les hôpitaux de Londres, l'Hôpital dentaire a été fondé par des souscriptions privées, qui se renouvellent chaque année.

Nous admirons sincèrement la puissance de l'initiative individuelle en Angleterre, et nous souhaitons vivement qu'un pareil état de choses s'établisse peu à peu dans notre pays où les citoyens sont trop habitués à prendre toujours conseil du gouvernement, à compter davantage sur lui que sur eux-mêmes.

Toutefois il résulte de l'organisation spéciale de l'hôpital dentaire certains inconvénients qu'il serait du reste très facile de faire diparaître et qui disparaîtront évidemment avec l'accroissement d'importance que prennent chaque jour l'École et l'Hôpital dentaires.

L'hôpital est ouvert quotidiennement aux malades; ceux qui se présentent pour subir une extraction, ou demander un conseil sont accueillis et reçoivent les soins ou les conseils que réclament leur état. Il n'en est pas de même pour ce qui regarde les extractions avec anesthésie, les aurifications, les obturations. Pour recevoir ces soins spéciaux, les malades doivent être munis d'une sorte de ticket, délivré par un des souscripteurs de l'hôpital. Ces derniers ont un nombre de tickets proportionnel à l'importance de leur souscription annuelle.

Cette réglementation inhérente à l'organisation même de l'hôpital n'est pas sans présenter quelques inconvénients. En effet, les malades non pourvus de tickets se décident souvent à demander l'extraction d'une dent, qui, à la rigueur pourrait être conservée. D'autre part, beaucoup de ces malades ou appartiennent à la classe nécessiteuse ou n'auraient point les loisirs nécessaires pour recevoir les soins qui précèdent l'obturation. Ceci dit, précisément parce que la thérapeutique dentaire est très en honneur à l'hôpital de Londres, nous estimons que le nombre des extractions diminuera d'année en année, et qu'inversement le nombre des dents conservées augmentera proportionnellement.

A la consultation de l'hôpital dentaire on voit très peu d'affections de la bouche (affections de la langue, des gencives, des machoires etc.). — Les malades présentant ce genre de maladies sont, à de rares exceptions près, dirigés sur les hôpitaux généraux.

Cette lacune, qui est imposée pour ainsi dire presque fatalement par l'organisation même de l'hôpital où il n'y a point de service de clinique, est regrettable ; mais il est aisé de prévoir, grâce à la prospérité chaque jour grandissante de cet établissement, grâce surtout à la valeur scientifique et aux connaissances étendues des professeurs d'aujourd'hui et des jeunes chirurgiens qui se préparent par de fortes études à devenir les maîtres de demain, qu'un service de clinique sera adjoint à l'hôpital.

Ce progrès s'impose de lui-même, il est le complément indispensable de l'enseignement donné à l'hôpital et qui déjà a produit de si heureux résultats. Il n'est point possible en effet d'être chirurgien dentiste dans toute l'acception du terme si l'on se borne uniquement à soigner les maladies des dents. C'est en rattachant à la pathologie générale, les affections de la bouche, qu'on pourra instituer une thérapeutique rationnelle, s'adressant à la fois à la cause étiogénique et à la lésion organique.

Les locaux occupés par l'école de l'hôpital dentaire sont depuis longtemps insuffisants, c'est une preuve du développement incessant de cette institution utile entre toutes.

Comme on le verra ci-après, l'espace manque, et un fauteuil d'opération compte plusieurs titulaires qui sont obligés de se succéder.

Il faut souhaiter que l'hôpital trouve bientôt une organisation en rapport avec son importance et le nombre considérable des malades qui le fréquentent. — Le tableau suivant donnera une idée du nombre des malades qui reçoivent des soins à l'hôpital.

Malades soignés à l'hôpital dentaire de Londres de janvier 1881 au 31 décembre de la même année.

Extractions	Enfants au-dessous de 14 ans	5462
	Adultes	8840
	Avec anesthésie	4009
Aurifications		1461
— avec l'or adhésif		100
Obturations		4700
Irrégularités des dents traitées mécaniquement.		896
Cas variés		3549
Conseils		1786
		30 803

ORGANISATION INTÉRIEURE DE L'HOPITAL

Au rez-de-chaussée se trouve la pièce où se pratiquent les extractions sans anesthésie (*extractif-room*).

Les fauteuils sur lesquels sont placés les malades, sont très simples, très économiques et répondent parfaitement à leur destination. Ils sont en bois, ce qui permet de leur faire subir sans difficulté des nettoyages fréquents. Le siège est mobile, et grâce à une crémaillière, l'opérateur peut le placer à la hauteur qui lui convient le mieux.

Ainsi qu'on l'a vu dans le règlement de l'École, l'étudiant de première année est assisté d'un ancien, et dans la plupart des cas reçoit les conseils du chirurgien de service. Le diagnostic étant posé, l'extraction décidée, l'opérateur choisit l'instrument approprié et pratique l'extraction sous la surveillance des personnes précitées.

L'instrument est ensuite lavé dans de l'eau phéniquée, essuyé et déposé à sa place dans l'arsenal mis à la disposition des élèves par l'hôpital.

Des crachoirs très simples sont à la portée des opérés.

L'opérateur écrit sur un registre spécial, le nom, l'âge, l'adresse du malade, avec la nature de l'opération qui lui a été faite, ou avec l'indication de l'avis qui lui a été donné, il ajoute son nom à la suite de ces divers renseignements.

Sur le même plan figure une salle d'attente et de réception. Un employé de l'hôpital inscrit sur un registre le nom et l'adresse des personnes qui, munies d'un ticket, se présentent à l'hôpital pour y recevoir des soins spéciaux. Les élèves peuvent toujours recourir à ce registre, s'ils ont besoin de connaître l'adresse des personnes confiées à leurs soins, pour compléter leurs renseignements s'il y a lieu.

Enfin, une pièce attenant à cette salle est réservée aux opérations qui se font, les patients étant préalablement anesthésiés. L'anesthésie est pratiquée par des spécialistes qui se succèdent chaque jour. Nous ne pouvons qu'approuver hautement cette manière de faire généralement appliquée en Angleterre, ce qui constitue une sécurité plus grande à la fois pour l'opérateur et pour l'opéré. Les anesthésistes ont une telle expérience qu'ils se guident presque uniquement sur les signes présentés par la physionomie du patient. Depuis la création de l'hôpital, aucun accident imputable au protoxyde d'azote n'a été relevé.

Les élèves opèrent sous la direction du chirurgien de service et se succèdent chaque jour dans l'ordre fixé par le doyen.

L'appareil employé pour l'anesthésie est fort simple. Il se compose de réservoirs en métal contenant du protoxyde d'azote liquéfié et munis d'un ajutage pouvant communiquer ou non, à l'aide d'un robinet, et d'un tube avec un réservoir d'une capacité d'une quinzaine de litres environ et muni de contre-poids. Le réservoir est lui-même en communication, à l'aide d'un tube, avec une sorte de masque en métal garni à l'intérieur d'un revêtement de caoutchouc dont les parois sont distendues à l'aide d'un peu d'air qu'on y insuffle. Ce masque recouvre à la fois le nez et la bouche du malade.

A l'aide d'un dispositif spécial, adapté à l'appareil, on commence par faire respirer au malade un mélange d'air et de protoxyde d'azote, puis, l'accès de l'air étant interrompu, du protoxyde d'azote pur. Une vessie en caoutchouc fixée à l'extrémité du masque sert de réservoir, c'est-à-dire que les produits de l'expiration y sont mélangés avec le protoxyde d'azote. Quand l'anesthésie est complète, certains anesthésistes compriment ce réservoir et introduisent ainsi mécaniquement dans les poumons une nouvelle quantité de protoxyde d'azote qui rend l'anesthésie plus complète et d'une durée un peu plus longue. On maintient ouverte la bouche du malade, à l'aide de petites pièces de bois, présentant une dépression à chacune de leurs extrémités, dans laquelle pénètrent à la fois les dents du maxillaire supérieur et celles du maxillaire inférieur. — Ces sortes de bâillons sont associés deux à deux par une corde qui pend au dehors de la bouche du patient.

Généralement l'anesthésie est de courte durée; quand il n'y a qu'une seule extraction à pratiquer ou une opération très simple, la durée de l'anesthésie est suffisante, mais s'il y a plusieurs extractions, ou si l'une d'elles présente des difficultés, il faut de la part de l'opérateur une très grande promptitude et une très grande habileté de main. Cet inconvénient inhérent à l'emploi du protoxyde d'azote ne présente point de gravité dans un hôpital où les extractions sont confiées à des mains expérimentées. Il n'en est pas de même dans la pratique ordinaire, et il n'est pas rare d'observer des accidents plus ou moins sérieux, des erreurs même, imputables à la rapidité et à l'énergie de l'exécution.

L'anesthésie est rapidement obtenue et ne laisse après elle aucun sentiment de malaise. Il s'écoule à peine quelques minutes entre l'entrée et la sortie du malade.

Notons en passant l'aspect asphyxique pris par la physionomie du patient, aspect bien fait pour impressionner une personne non familiarisée avec l'anesthésie par le protoxyde d'azote.

Un des professeurs de l'École, M. Coleman, fait barboter le protoxyde d'azote dans un flacon d'éther. L'anesthésie obtenue par ce procédé est peut-être un peu plus durable, mais il nous a paru qu'elle s'accompagnait d'un léger degré d'excitation, ce qui s'observe rarement avec le protoxyde d'azote, sauf toutefois chez les femmes hystériques et chez les alcooliques, le protoxyde d'azote ayant du reste cela de commun avec les autres anesthésiques.

Au premier étage, se trouvent le cabinet du doyen, la bibliothèque, le musée, une salle de cours et de réunion.

Au deuxième étage, est située une grande salle (*operating-room*) dans laquelle se pratiquent les obturations (aurifications, plombages, etc.) ainsi que les diverses opérations préliminaires.

Cette salle est devenue beaucoup trop petite, eu égard au nombre des élèves et des malades. Les fauteuils sont également en nombre insuffisant et beaucoup trop rapprochés.

Si l'on ajoute à cela que les malades attendent leur tour dans cette même salle, il en résulte un véritable encombrement. C'est là un défaut d'espace et non d'organisation.

Le chirurgien résidant (*house surgeon*) distribue les malades aux élèves, leur donne les indications nécessaires, les guide, leur prête même son aide, quand ceux-ci font appel à son expérience.

C'est également le chirurgien résidant qui distribue aux élèves l'or nécessaire aux aurifications, contre remboursement. Les élèves à leur tour réclament aux patients le prix de l'or employé, prix basé sur le poids.

Quand un malade ne peut point payer l'or, on emploie des substances moins coûteuses, ou par un procédé opératoire qu'il serait trop long de rapporter ici, on n'emploie qu'une quantité d'or peu considérable (1).

Les démonstrateurs et les chirurgiens de service déploient le plus grand zèle et l'activité la plus louable dans l'exercice de leurs fonctions. Ils ne se contentent pas de donner des conseils aux élèves, mais ils opèrent sous leurs yeux, chaque fois qu'ils en trouvent l'occasion. Les élèves pratiquent du reste entre eux une sorte d'enseignement mutuel, les aînés faisant participer les nouveaux du fruit de leur expérience.

Ainsi qu'on l'a vu par la lecture du règlement de l'École, l'hôpital ne fournit pas d'instruments aux élèves. Ceux-ci suivant leurs ressources se procurent les appareils les

(1) Les élèves remettent aux malades une fiche portant à la fois le nom du malade, celui de l'opérateur, la nature des soins ou des opérations, ainsi que le jour et l'heure fixés pour un rendez-vous subséquent.

plus perfectionnés ou ne recourent qu'aux instruments classiques. Chacun d'eux a à sa disposition une petite armoire fermée à clef, portant un numéro, et dans laquelle il dépose ses instruments. Les rapports entre les maîtres et les élèves sont des plus cordiaux.

Nous avons été très frappé de la patience et de la douceur des élèves vis-à-vis des malades qui leur sont confiés.

Il est bon d'ajouter que le caractère anglais se prête admirablement, de part et d'autre, à l'exécution de certaines opérations extrêmement longues qui ne seraient que fort difficilement réalisables dans notre pays, où l'on n'obtiendrait qu'avec la plus grande peine de la généralité des malades une immobilité de plusieurs heures.

Depuis quelques années, il a été fondé dans plusieurs grandes villes du Royaume-Uni, un certain nombre d'Écoles dentaires dont l'organisation générale a été empruntée à celle de Londres. Nous n'avons pas eu le loisir de les visiter.

Dans une réunion publique tenue à Londres par les dentistes le 3 mars 1879, il a été décidé à l'unanimité, 1° qu'une société serait fondée sous la dénomination suivante : *Association des Dentistes de la Grande-Bretagne*, dans le but de sauvegarder et de favoriser les intérêts généraux des personnes exerçant cette profession, conformément à l'esprit et aux statuts du *Dentist's Act* et ayant plein pouvoir pour organiser des comités spéciaux pour l'établissement et l'administration d'une caisse de secours destinée à venir en aide aux dentistes infirmes ou hors d'état de travailler, ou pour tout autre objet qu'on pourrait désigner. Cette société est entretenue par les souscriptions des membres de la Société des dentistes.

Les étudiants de l'Hôpital dentaire de *Leicester Square*

ont également fondé une société. Cette société est actuellement présidée par le frère de l'éminent doyen de l'hôpital, M. Arthur S. Underwood, membre du Collège royal des chirurgiens et l'un des dentistes les plus distingués de Londres.

Le but de cette société est de traiter des sujets généraux et spécialement ceux qui se rapportent à l'art du dentiste. Les intérêts de la société sont dirigés par un conseil constitué par un président, deux vice-présidents et un trésorier, deux secrétaires et six autres membres. Le président est choisi parmi les anciens étudiants qui ont obtenu le degré de licence de la Société des dentistes. Les vice-présidents sont choisis parmi les anciens étudiants, avec ou sans qualification.

Toute personne désirant en devenir membre doit être présentée et patronnée dans une séance et son admission votée au scrutin dans la séance suivante. Une boule noire sur quatre suffit pour exclure le candidat. Les membres paient une demi-couronne comme droit d'inscription et souscrivent annuellement pour la même somme.

Des réunions ordinaires ont lieu le second lundi de chaque mois, à partir du mois d'octobre jusqu'au mois de mars inclusivement. La réunion annuelle pour l'élection des fonctionnaires et pour d'autres affaires est tenue dans le mois de janvier de chaque année.

Chaque membre a le droit de présenter aux séances du soir un visiteur, n'étant pas étudiant de l'hôpital, avec le consentement du président. Il est permis au visiteur de prendre part aux discussions. Il y a une bibliothèque à l'usage de la société ; les secrétaires remplissent la charge de bibliothécaires.

Le conseil offre un prix de la valeur de 3 livres 3 schellings à la fin de chaque année pour le meilleur mémoire lu devant la société pendant l'année.

Il existe encore à Londres un autre Hôpital dentaire,

c'est l'Hôpital national dentaire ou le Collège national dentaire, qui fut établi *Great Portland Street*, n° 149, en 1861.

La première école spéciale dentaire établie dans le royaume de la Grande-Bretagne fut l'École métropolitaine, ouverte le 5 octobre 1859, sous la présidence du Dr R. W. Richardson, qui prononça le discours d'ouverture.

Le 20 août 1860, une nouvelle école dentaire fut inaugurée sous le titre d'École de chirurgie dentaire de Londres. L'Hôpital national dentaire et l'École métropolitaine en étaient des émanations, ou, comme l'a écrit M. Hill, furent organisés sous les auspices directs du Collège des dentistes, bien que sous le rapport de la pratique ils fussent entièrement distincts et séparés.

Le Collège des dentistes fut fondé en 1856 et réuni à la Société odontologique en 1863.

Peu après la fusion du Collège des dentistes avec la Société odontologique, l'École métropolitaine fut transportée dans les locaux attenant à l'Hôpital national dentaire, dans *Portland street*.

Le nombre d'étudiants suivant les cours de l'hôpital ayant graduellement augmenté rendit encore une fois nécessaire la réorganisation de l'École métropolitaine dont l'œuvre avait été suspendue pendant plusieurs années. Elle fut inaugurée en 1877. Dans le but de donner de plus grandes facilités d'instruction, le champ de ses opérations fut élargi et son nom changé en celui de *Collège National Dentaire*, titre qui semblait plus en harmonie avec les exigences scientifiques de l'art dentaire.

Le collège fut ouvert au commencement de la session d'été, le 8 mai 1877, et M. Oakley Coles prononça le discours d'inauguration (1).

(1) Le plan d'études est presque identique à celui que nous avons donné.

Nous n'avons pas reçu mission de formuler un projet d'organisation de la chirurgie dentaire pour la France, nous nous abstiendrons donc de donner notre opinion à cet égard. Aussi bien, les réformes à réaliser seraient si importantes qu'elles toucheraient à l'organisation même des études médicales dans notre pays ; leur caractère professionnel ne nous paraît pas suffisamment accusé. Nous n'aborderons point ici ce grave problème. Il nous suffira de former le vœu que plusieurs des idées émises par M. Tomes, dans son remarquable travail, soient méditées par ceux qui ont en France mission de veiller à l'organisation des études médicales.

Il nous reste maintenant à acquitter une dette presque personnelle. Nous avons reçu à l'École et à l'Hôpital dentaires de Londres un accueil dont nous conservons le plus reconnaissant souvenir. Non seulement M. Undervood, l'éminent doyen de l'École, a mis gracieusement à notre disposition tous les moyens d'instruction et d'investigation qui nous étaient nécessaires, mais encore ses collaborateurs, les professeurs et les démonstrateurs de l'École, se sont montrés vis-à-vis de nous d'une bienveillance inépuisable. Bien que l'empressement dont nous avons été l'objet s'adressât bien plus à l'envoyé du Ministère qu'à notre modeste personnalité, nous n'en tenons pas moins à remercier ces messieurs de leur large hospitalité, grâce à laquelle l'accomplissement de la mission dont vous nous avez fait l'honneur de nous charger a été à la fois plus facile et plus productif.

Veuillez agréer, Monsieur le Ministre, nos salutations les plus respectueuses.

Dr V. Galippe.

www.ingramcontent.com/pod-product-compliance
Ingram Content Group UK Ltd.
Pitfield, Milton Keynes, MK11 3LW, UK
UKHW012101240726
13965UKWH00004B/1445